Lena Harmann

Das Antidumpingrecht in der EU und den USA

Eine vergleichende Studie

Lena Harmann

DAS ANTIDUMPINGRECHT IN DER EU UND DEN USA

Eine vergleichende Studie

ibidem-Verlag
Stuttgart

Bibliografische Information der Deutschen Nationalbibliothek
Die Deutsche Nationalbibliothek verzeichnet diese Publikation in der Deutschen Nationalbibliografie; detaillierte bibliografische Daten sind im Internet über http://dnb.d-nb.de abrufbar.

Bibliographic information published by the Deutsche Nationalbibliothek
Die Deutsche Nationalbibliothek lists this publication in the Deutsche Nationalbibliografie; detailed bibliographic data are available in the Internet at http://dnb.d-nb.de.

∞

Gedruckt auf alterungsbeständigem, säurefreien Papier
Printed on acid-free paper

ISBN-13: 978-3-8382-0055-2

Printed in Germany

Gliederung

A. Einleitung

Durch die zunehmende Liberalisierung des globalen Handels werden die nationalen Märkte zwangsläufig auch für ausländische Produkte geöffnet, wodurch die einzelnen Anbieter auf ihren heimischen Märkten einem verstärkten Wettbewerb ausgesetzt werden.

Hierbei sehen sich die Hersteller häufig mit unfairen Handelspraktiken von ausländischen Konkurrenten betroffen, sodass der Wunsch nach nationalen staatlichen Schutzmaßnahmen laut wird. Mit dem Antidumping- und Antisubventionsrecht stellen die Regelungen der WTO ihren Mitgliedern Instrumentarien zum Schutz gegen unfaire Handelspraktiken oder besondere Marktstörungen zur Verfügung, wobei dem Antidumpingrecht die größte praktische Bedeutung zukommt.[1]

Tatsächlich haben Antidumpingverfahren seit Ende der siebziger Jahre stark zugenommen. Neben den traditionellen Anwendern Australien, EG, Kanada und den Vereinigten Staaten ergreifen mittlerweile auch verstärkt nichttraditionelle Anwender wie Brasilien, Indien, Japan, Mexiko oder Südafrika zu den Antidumpingmaßnahmen.[2] In Europa waren Ende 2006 134 Antidumpingmaßnahmen in Kraft.[3]

Dabei scheint es selbstverständlich geworden zu sein, die WTO-Mitgliedschaft mit der Einführung eines nationalen Antidumpingrechts zu verbinden, womit sich der verstärkte Einsatz der Dumpingabwehr auf globaler Ebene erklären lässt.[4]

---

1 Bourgeois, in: von der Groeben/Schwarze, Kommentar zum Vertrag über die Europäische Union zur Gründung der Europäischen Gemeinschaft, Art. 133, Rn. 118.

2 Pachmann, Das Verhältnis von Antidumping zum internationalen Wettbewerbsrecht, S. 1.

3 Siehe 25. Jahresbericht der Kommission an das Europäische Parlament über die Antidumping, Antisubventions- und Schutzmaßnahmen der Gemeinschaft 2006, Nr. 7.1.

4 Pachmann, Das Verhältnis von Antidumping zum internationalen Wettbewerbsrecht, S. 1.

I. Problemstellung

> *„It has been said that US trade law arises half from the rules of international law, and half from the law of the jungle – although some have suggested a more accurate allocation would give far more weight to the jungle"*[5].

Die Europäische Union und die Vereinigten Staaten bilden im Verhältnis zueinander die wichtigsten Handelspartner und verfügen über die größte bilaterale Handelsbeziehung der Welt. Im Jahr 2006 zählte ihre gemeinsame Wirtschaft fasst 60% des Weltbruttosozialprodukts.[6]

Diese Größe und Gewichtigkeit der bilateralen Handelsbeziehung macht die EU und die U.S. zu den bedeutendsten „Global Players" der Weltwirtschaft. Die Kooperation zwischen der EU und den U.S. setzt die Standards innerhalb der gesamten Weltwirtschaft und verfestigt diese in der WTO. Daher wird eine mögliche Änderung des Antidumpingrechts nicht ohne Zustimmung dieser beiden größten Wirtschaftsblöcke möglich sein. Die europäischen und U.S.-amerikanischen Antidumpinggesetze stellen weltweit die beiden wichtigsten Antidumpingsysteme dar, an denen sich neu eingeführte Antidumpinggesetze anderer Staaten ausrichten.[7]

Dabei können die EU sowie die USA aufgrund ihrer unterschiedlichen verfassungs- und gesetzesrechtlichen Regelungen als typisch für die auf der Welt vorhandenen Verfassungs- und Handelsregelungen angesehen werden.[8] Europa und Amerika unterstützen eine *„rules-based"* Handelsordnung und arbeiten zusammen auf einen erfolgreichen Abschluss der „Doha Development Agenda" (DDA) hin.[9]

Im Jahr 2007 haben die EU und die U.S. mit dem „Transatlantic Economic Council" (TEC) eine neue Initiative ins Leben gerufen, um die transatlantischen Wirtschaftssysteme stärker zu harmonisieren, indem Schlüsselbereiche definiert

---

5 Bello/Holmer, The Heart of the 1988 Trade Act, in: Stanford Journal of Inernational Law, 25, 1988, 1 (43); bereits zitiert von: Hohmann, Angemessene Außenhandelsfreiheit im Vergleich, S. 1.

6 European Commission, United States Barriers to Trade and Investment, Report for 2007, S. 5.

7 Pachmann, Das Verhältnis von Antidumping zum internationalen Wettbewerbsrecht, S. 37.

8 Hohmann, Angemessene Außenhandelsfreiheit im Vergleich, S. 4.

9 Siehe European Commission, United States Barriers to Trade and Investment, Report for 2007, S. 5.

wurden, in denen eine größere Konvergenz zwischen den ökonomischen Systemen auf beiden Seiten des Atlantiks erreicht werden soll.[10]
Doch trotz dieser engen Handelspartnerschaft zwischen beiden Staaten existieren noch immer nationale Unterschiede, darunter auch umstrittene nationale Verfahren und Rechtsvorschriften, die den Handel und das internationale Investment behindern.

So wurde das Antidumpingrecht der WTO seit Beginn der 1980er Jahre von den Rechtsanwendern als ideales Instrument entdeckt, um einheimische, wirtschaftlich in Bedrängnis geratene Industriezweige vor ausländischen Einfuhren zu schützen. Der protektionistische nationale Einsatz des Antidumpingrechts konterkariert dabei unstreitig die Bemühungen, den Welthandel zu liberalisieren.[11]
Daher sieht sich sowohl das europäische, als auch das amerikanische Antidumpingrecht wie kaum ein anderes Teilgebiet des internationalen Wirtschaftsrechts einer ebenso verbreiteten wie tiefgreifenden Kritik ausgesetzt, die bis hin zu Zweifeln an der Existenzberechtigung eines spezifischen Antidumpinginstrumentariums reicht.[12]
Diese Arbeit soll untersuchen, ob das transatlantische Antidumpingrecht mehr durch ein *„law of the jungle"* oder eher durch das Recht strukturiert wird, also die Frage, welchen Beitrag die jeweiligen Rechtsvorschriften zur Strukturierung und Liberalität des Welthandels leisten. Eine planbare, transparente und rechtlich geordnete Weltwirtschaft ist das Gegenstück zum *„law of the jungle"*.
Erste Voraussetzung dafür, einen „Dschungel" oder ein *„hapharzard regime"* – also ein konzept- und planloses und somit ein nur bedingt rechtlich strukturiertes System – weitgehend zu vermeiden, ist die Verdeutlichung der rechtlichen Rahmenbedingungen.[13]
Diese – zur Verhinderung der Einfuhr gedumpter Ware – den Import in die EU bzw. USA regulierenden Gesetzes-, Verfassungs- und sonstigen Rechtsbestimmungen sowie diesbezüglich zentrale Normen handelsrelevanter Abkommen gegenüberstellend aufzuzeigen und ihren positiven Beitrag, aber

10 Siehe European Commission, United States Barriers to Trade and Investment, Report for 2007, April 2008, S. 5.
11 Park, Regelung und Praxis des Antidumpingrechts, S. 1.
12 Pachmann, Das Verhältnis von Antidumping zum internationalen Wettbewerbsrecht, S. 1.
13 Hohmann, Angemessene Außenhandelsfreiheit im Vergleich, S. 4.

auch ihre hemmenden Auswirkungen auf die Liberalität des Welthandels aufzudecken und zu vergleichen, ist Ziel vorliegender Arbeit.

II. Gang der Untersuchung

Man muss also diese beiden Systeme miteinander vergleichen, um herauszufinden, wo das jeweilige System Vor- und Nachteile beinhaltet.[14] Im Kapitel B werden zunächst die Grundlagen des Dumpings und der internationalen Antidumpingpolitik dargestellt, das Kapitel C gibt einen Überblick über die historische Begründung und Entwicklung des Antidumpingrechts im GATT/WTO, sowie der europarechtlichen und U.S.-amerikanischen Antidumping-vorschriften. Im Kapitel D wird die jeweilige nationale Umsetzung des WTO Antidumpingkodex untersucht und einander gegenübergestellt, wobei die wichtigsten Unterschiede hervorgehoben werden sollen. Im Zentrum dieser Betrachtung wird die sog. angemessene Außenhandelsfreiheit stehen, da es nicht um eine unbegrenzte Importfreiheit gehen kann, sondern nur um eine solche, welche die legitimen Beschränkungsinteressen, d.h. primär die verfassungsrechtlich als legitim erscheinenden Gemeinwohl-interessen, berücksichtigen.[15]

Nach dem Vergleich des materiellen Antidumpingrechts wird sodann auf das Verfahrensrecht inklusive des spezifischen Rechtsschutzes eingegangen.

Schließlich wird im Kapitel E eine wertende Schlussbetrachtung und Ausblick gegeben.

---

[14] Blonigen/Prusa, S. 27.

[15] Hohmann, Angemessene Außenhandelsfreiheit im Vergleich, S. 6.

B. Grundlagen des Dumpings

I. Definition des Dumping aus ökonomischer Sicht

Der heute von den Wirtschaftswissenschaften vertretene Dumpingbegriff bildete sich erst Anfang des 20. Jahrhunderts heraus.[16] Danach wird Dumping als ein Verhalten im internationalen Handelsverkehr definiert, wonach gleichartige Waren *(„commodities")* zur selben Zeit oder innerhalb eines engen zeitlichen Zusammenhangs unter vergleichbaren Verkaufsbedingungen auf verschiedenen nationalen Märkten zu unterschiedlichen Preisen verkauft werden.[17]

Diese weite Definition schließt umgekehrtes Dumping *(„reverse dumping")* mit höheren Preisen auf dem Exportmarkt und Preisdifferenzierung zwischen verschiedenen Exportmärkten mit ein. Nicht erfasst werden dagegen Fälle von sog. *„spurious dumping"*, in denen sich die Preisdifferenz durch unterschiedliche Produktqualitäten, Verkaufsmengen, Kredit- oder andere Verkaufsbedingungen erklärt. Bei scheinbar gleichen Preisen kann sich umgekehrt jedoch hinter solchen Unterschieden ein Dumping verbergen, sog. *„concealed dumping"*.[18]

Auch nicht von dem Dumpingbegriff umfasst sind solche niedrigen Ausfuhrpreise, die von geringen Lohnkosen und Sozialabgaben oder fehlenden Umweltauflagen herrühren, sog. Umwelt- oder Sozialdumping, solange nicht zugleich auch eine Preisdifferenzierung gegeben ist.[19]

Das Antidumping als Mittel zur Handelspolitik führt zu einer künstlichen Veränderung der Preisregulation zugunsten der geschützten Produkte und damit zu einer Verzerrung des freien Wettbewerbs. Diese führt zu einer Reallokation der Ressourcen des Inlandes und des Auslandes mit erheblichen negativen Folgen. Inländische Produktionsfaktoren, die ohne staatlichen Schutz nicht mehr wettbewerbsfähig wären, werden in den importkonkurrierenden Sektoren

---

16 Weigl, in: Grabitz/Hilf, Vorbem. E 6, Rn. 66.

17 Viner, S. 8; Weigl, in: Grabitz/Hilf, Vorbem. E 6, Rn. 66; Tavares de Auraujo Jr./Macario/Steinfatt, Antidumping in the Americas, in: JWT, 35, S. 555 (559).

18 Weigl, in: Grabitz/Hilf, Vorbem. E 6, Rn. 66.

19 Weigl, in: Grabitz/Hilf, Vorbem. E 6, Rn. 67; Pachmann, Das Verhältnis von Antidumping zum internationalen Wettbewerbsrecht, S. 3 f.

gebunden.[20] Damit einhergehend wird die inländische Exportindustrie durch die Vergeltungsmaßnahmen des Auslandes oder durch die Aufwertung der inländischen Währung durch die – der Importverteuerung folgende – schwindende Devisennachfrage geschwächt.[21] Der Schutz der importkonkurrierenden Industrie wird deshalb auch als Besteuerung der Exporte bezeichnet.[22]

II. Unterschiedliche Formen des Dumpings

Zur Klassifizierung des Dumpings kann auf das Motiv des „Dumpenden" und auf die Dauer des Dumping abgestellt werden.[23]
Kurzfristiges Dumping wird überwiegend als positiv bewertet. Dabei wird nur über einen zeitlich begrenzte Dauer, wie etwa eines Geschäftsjahres, gedumpt und das Dumping ist fester Bestandteil einer langfristigen Marktstrategie, bei der die Güter extra mit dem Ziel produziert werden, sie später zu Dumpingpreisen zu exportieren. Kurzfristiges Dumping wird auch zu Lagerauflösungsverkäufen eingesetzt. Bei dem langfristigen Dumping dagegen sollen Betriebsgrößenvorteile genutzt und Kapazitäten ausgelastet werden, ohne auf dem Heimatmarkt den Preis senken zu müssen.[24]

---

20 Morgan, Competition Policy and Anti-Dumping, in: JWT, 30, 1996, S. 61 (64); Pachmann, Das Verhältnis von Antidumping zum internationalen Wettbewerbsrecht, S. 3.

21 Willig, Economic Effects of Antidumping Policy, in: Brookings Trade Forum 1998, S. 59

22 Pachmann, Das Verhältnis von Antidumping zum internationalen Wettbewerbsrecht, S. 3.

23 Viner, Dumping: A Problem of International Trade, S. 193; Park, Regelung und Praxis des Antidumpingrechts S. 23 ff.; Pachmann, Das Verhältnis von Antidumping zum internationalen Wettbewerbsrecht, S. 4.

24 Pachmann, Das Verhältnis von Antidumping zum internationalen Wettbewerbsrecht, S. 4.

1. Räuberisches Dumping

Dumping ist also im Grundsatz internationale Preisdifferenzierung in Form von Preisdiskriminierung.[25] Im Extremfall kann Dumping auf die Verdrängung von Wettbewerbern abzielen, *„predatory dumping"* bzw. räuberisches Dumping. Dabei versucht ein marktmächtiges Unternehmen Wettbewerber aus dem Markt zu treiben, um anschließend seine dominierende Stellung zur Abschöpfung von Monopolrechten zu missbrauchen.[26]

2. Strategisches Dumping

In abgeschwächter Form werden beim strategischen Dumping asymmetrische Vorteile oder ein quasi unbeschränkter Zugang zu Finanzmitteln ausgenutzt, um Marktanteile auf Kosten der Wettbewerber zu erlangen, die keine vergleichbaren Möglichkeiten haben. Das strategische Dumping kann sich dadurch zeigen, dass durch gezielte Preisunterbietung in bestimmten räumlichen Märkten die Bereitschaft zu einer allgemein aggressiven Preispolitik signalisiert wird. Auch können bewusste Überkapazitäten aufgebaut werden, die nach entsprechenden Absatzmöglichkeiten verlangen, wonach jegliche Preisnachlässe von Wettbewerbern gleichfalls gewährt werden. Das Ausscheiden von Wettbewerbern ist dabei weder notwendiges Ziel, noch zwingende Folge der Strategie.[27]

Strategisches Verhalten ist nicht per se schädlich. Jegliches Verhalten, dass der Marktteilnehmer durch eigenes Verhalten aktiv zu beeinflussen versucht, kann als strategisch bezeichnet werden. Problematisch wird es erst dann, wenn es asymmetrische Vorteile ausnutzt und zu einer wettbewerbsbeschränkenden Verstärkung der Marktposition bestimmter Akteure führt. Diese lässt sich dann nicht aus mehr komparativen Vorteilen erklären oder durch die Markttrennung Erstanbietervorteile ermöglichen, die zu einem größeren Gewinnanteil auf dem Weltmarkt führen. Dadurch beeinflussen sie die Startbedingungen für

---

25 Weigl, in: Grabitz/Hilf, Vorbem. E 6, Rn. 68.

26 Willig, Economic Effects of Antidumping Policy, in: Brookings Trade Forum 1998, S. 65 ff.; Pachmann, Das Verhältnis von Antidumping zum internationalen Wettbewerbsrecht, S. 6.

27 Holmes/Kempten, S. 4.

zukünftige Produktentwicklungen nachhaltig.[28] In solch einem Fall erzeugt strategisches Dumping die Wirkung einer strategischen Handelspolitik.[29]

3. Zyklisches Dumping

Bei dem zyklischen Dumping führen Unterkostenverkäufe zu Wettbewerbsverzerrungen, wenn Anbieter – im Gegensatz zu ihren Mitbewerbern – bei einer zyklischen Abwärtsbewegung auf geschützten Märkten zusätzliche Absatzchancen für ihre Überschussproduktion auf Exportmärkten realisieren können. Es entsteht also ein Dumping durch Verkauf von Überproduktion.[30] Durch die Verkäufe zu Grenzkosten sind die Anbieter in der Lage, mögliche Verluste besser begrenzen zu können als ihre Wettbewerber in offenen Märkten, wodurch die Wettbewerber aufgrund des erhöhten Investitionsrisikos gezwungen werden, früher aus dem Markt ausscheiden.[31]

4. Dumping zur Markteinführung neuer Produkte

Bei dem sog. Marktzugangsdumping oder *„market opening dumping"* handelt es sich um Strategien von Anbietern, die keine unmittelbare Aussicht haben, Marktmacht zu erlangen, sondern zu niedrigen Preisen anbieten müssen, um überhaupt den Markteintritt zu bewältigen.[32]

5. Dumping aufgrund inländischer Marktdominanz

Wenn ein Unternehmen im Inland marktbeherrschend ist, kann es wegen mangelnder Konkurrenz höhere Preise auf dem ausländischen Markt erzielen. Häufig wird der heimische Markt des Unternehmers durch nationale Importzölle oder andere nichttarifäre Handelsmaßnahmen vor ausländischer Konkurrenz geschützt, was den Unternehmen zusätzlichen Vorteil verschafft. Außerdem werden diese Märkte oft durch Oligopole beherrscht, sodass sie untereinander Preise absprechen können. Das Unternehmen wird dann im

---

28 Weigl, in: Grabitz/Hilf, Vorbem. E 6, Rn. 73.

29 Holmes/Kempton, S. 5; Weigl, in: Grabitz/Hilf, Vorbem. E 6, Rn. 73.

30 Pachmann, Das Verhältnis von Antidumping zum internationalen Wettbewerbsrecht, S. 5.

31 Weigl, in: Grabitz/Hilf, Vorbem. E 6, Rn. 74.

32 Weigl, in: Grabitz/Hilf, Vorbem. E 6, Rn. 69; Pachmann, Das Verhältnis von Antidumping zum internationalen Wettbewerbsrecht, S. 5.

Ausland aufgrund des Wettbewerbs einen niedrigeren Preis verlangen. Durch die Subventionierung der Exporte mittels inländischen Gewinnen kann sich der Produzent auf dem Weltmarkt etablieren.[33]

6. Dumping aufgrund von Währungsdifferenzen

Wenn trotz des Fallens der Währung des Einfuhrlandes die Exportpreise im Ausfuhrland beibehalten werden, kann es zu einem Dumping aufgrund von Wechselkursschwankungen bzw. Währungsdifferenzen kommen. Bei solch einem Währungsdumping verhält sich der Anbieter nicht wettbewerbswidrig. Die Preisdifferenzierung resultiert vielmehr aus einer Unterbewertung der Währung des Ursprungslandes im Verhältnis zu der des Importstaates. Innerhalb des Internationalen Währungsfonds ist jedes Mitglied frei in der Entscheidung, das ihm geeignet erscheinende Wechselkursregime zu wählen. Dieser Grundsatz ist nur insoweit eingeschränkt, als dass sich kein Mitgliedstaat durch Manipulation seines Wechselkurses einen Wettbewerbsvorteil vor anderen Staaten verschaffen darf. Derartige Wettbewerbsverzerrungen sind dann jedoch nicht im Antidumpingrecht, sondern im Rahmen des internationalen Währungsfonds auszugleichen.[34]

7. Staatshandelsdumping

Beim Sonderfall des Staatshandelsdumpings ist die mangels zuverlässiger Preis- und Kostendaten unberechenbare Preisgestaltung prinzipiell schädlich für die Wirtschaft des Einfuhrlandes, da sie das für die Wirtschaftssteuerung notwendige Lenkungssystem der Preise vollständig außer Kraft setzen kann. Zum Schutz der notwendigen Marktmechanismen kann sogar ein Einfuhrverbot erforderlich sein.[35]

8. Abgrenzung zum Antisubventionsrecht

Dagegen wird der Begriff der Subvention – als zweite große Materie der Handelsschutzinstrumente – in Art. 2 der Antisubventionsordnung konkretisiert

---

33 Pachmann, Das Verhältnis von Antidumping zum internationalen Wettbewerbsrecht, S. 5.

34 Pachmann, Das Verhältnis von Antidumping zum internationalen Wettbewerbsrecht, S. 7.

35 Weigl, in: Grabitz/Hilf, Vorbem. E 6, Rn. 75.

und anhand von zwei Kriterien bestimmt: eine finanzielle Unterstützung durch eine Regierung und ein damit verbundener Vorteil. Während Dumping eine Wettbewerbsverzerrung durch das Handeln Privater darstellt, sind Subventionen auf die mittelbare oder unmittelbare Initiative staatlicher Organe zurückzuführen.[36]

---

36 Schulze/Zuleeg, Europarecht, § 32, Rn. 30; Dauses, Handbuch des EU Wirtschaftsrechts, K. II., Rn. 3.

C. Entwicklung des Antidumpingrechts

I. Definition und Begründung des Antidumpings

Das Antidumpingrecht soll unfaire Maßnahmen des Dumpings durch einen Zoll entgegentreten und somit einen fairen Wettbewerb zwischen ausländischen Importeuren und inländischen Unternehmen herstellen. Zum Schutzzweck des Antidumpingrechts werden unterschiedliche Ansichten vertreten, wobei jedoch teilweise die Begründungen ineinander übergehen.[37]

So wird zunächst angeführt, die inländische Industrie müsse vor unfairen Handelspraktiken geschützt werden[38], außerdem solle ein sog. *„Level Playing Field"*, also die Einhaltung der Fairness im internationalen Handel, erreicht,[39] aber auch eine Neutralisierung von Preisdifferenzen ermöglicht werden.[40]

Das Antidumpingrecht soll ineffiziente Allokationen der globalen Ressourcen korrigieren, indem bei Vorliegen eines Dumpings ausländische Produkte mit einem angemessenen Ausgleichszoll zur Sicherung der Wettbewerbsfähigkeit der heimischen Industrie belegt werden.[41] Die Intension des Antidumpingrechts ist mithin, die heimischen Unternehmen und Firmen zu schützen, welche durch unfaire Praktiken ausländischer Firmen betroffen sind. Das Preisprüfungsverfahren soll drohenden und eingetretenen Störungen, die von gedumpten Gütern ausgehen, rechtzeitig entgegenwirken, bzw. dazu beitragen, erhebliche Schädigungen und Störungen abzuwehren.[42]

Fraglich ist allerdings, inwieweit die Verbraucherinteressen vom Antidumping geschützt werden sollen. Die bisherigen Ansätze lassen den Verbraucher als Anknüpfungspunkt wohl unberücksichtigt.

---

37 Park, Regelung und Praxis des Antidumpingrechts, S. 11; ausführliche Darstellung zum Schutzzweck des Antidumpingrechts bei Nettesheim, Ziele des Antidumping- und Antisubventionsrechts, S. 11.

38 Stewart, Why Antidumping Laws Need To Be Cloned After Competition Laws Nor Replaced By Such Laws, CASIN Conference, Genf 11.-12.Juli 1995, S. 5.

39 Junkersdorff, Antidumping Recht, S. 1; Landsittel, Dumping im Außenhandels- und Wettbewerbsrecht, S.110.

40 Beseler/Williams, S. 51; Bellstedt, Antidumpingzoll auf Einfuhren im aktiven Veredelungsverkehr, in: Recht der Internationalen Wirtschaft, 1983, S. 670.

41 Park, Regelung und Praxis des Antidumpingrechts, S. 11; Rosenthal/Silliman, The Limits of Competition Law in the current WTO Context, CASIN Conference, Genf 11.-12. Juli 1996, S. 16.

42 Riley/Schuster, Untersuchungen bei Dumping- und Niedrigpreiseinfuhren, in: WuW 1983, S. 765 (767).

II. Die ersten Antidumpingregelungen

1. Erste Regelungen in den Commonwealthländern

Als erstes Land schuf Kanada[43] 1904 ein Antidumpinggesetz, woraufhin kleinere Staaten wie Neuseeland, Australien[44] und Südafrika[45] es ihm in den folgenden Jahren gleichtaten.[46] Das kanadische Antidumpingrecht entstand ohne praktischen Bezug zum Wettbewerbsrecht und allein aus protektionistischen Gründen um von dem an sich bewährten Mittel des Zolls wegzukommen und die Forderungen der kanadischen Produzenten nach Schutz vor den ausländischen Konkurrenten zu erfüllen.[47]

2. Geschichtliche Entwicklung der Antidumpingregelungen

a) Länder der heutigen Europäische Union

Außer Großbritannien verfügte vor dem zweiten Weltkrieg kein europäisches Land über ein nationales Antidumpingrecht. Mit der Entstehung des GATT und der Mitgliedschaft im Allgemeinen Zoll- und Handelsabkommen schufen einige europäische Länder wie Deutschland[48], Italien[49] und Frankreich[50] Ende der fünfziger und Anfang der sechziger Jahre nationale Antidumpingregelungen. Davon angestoßen erließen auch die übrigen EG-Mitgliedstaaten sowie die späteren Beitrittsstaaten nationale Gesetze zur Bekämpfung von Dumping- und Subventionsmaßnahmen.[51]

Durch die Gründung der Europäischen Gemeinschaft für Kohle und Stahl (EGKS)[52], der Europäischen Wirtschaftsgemeinschaft[53] und durch die daraus

---

43 An Act to Amend the Customs Tariff, 1897, 4 Edw. VII, I Canada Statutes III (1904).

44 Australien Industries Preservation Act 1906, V Austl. C. Acts 19 (1906).

45 Customs Tariff, 1914, Statutes of the Union of South Africa 198 (1914).

46 Düker, Rechtsschutz gegen Antidumpingmaßnahmen der Europäischen Gemeinschaft, S. 31; Park, Regelung und Praxis des Antidumpingrechts, S. 17.

47 Viner, Dumping: A Problem of International Trade, S. 193; Park, Regelung und Praxis des Antidumpingrechts, S. 17.

48 § 21 Zollgesetz, geändert am 30. Juni 1966 BGBl. I S. 542 (1966).

49 Gesetz Nr. 39 zur Verhängung von Antidumping- und Subventionszöllen vom 11. Januar 1963 in Gazetta Ufficiale No. 40 vom 12. Februar 1963, S. 761.

50 Artikel 19 Zollgesetz in Journal Officiel vom 18. Dezember 1966.

51 Park, Regelung und Praxis des Antidumpingrechts, S. 19.

52 Unterzeichnet am 18. April 1951 in Paris.

53 Unterzeichnet am 25. März 1957 in Rom („Römische Verträge“).

folgende gemeinsame Ausübung der Handelspolitik[54] wurden die jeweiligen nationalen Regelungen durch eine einheitliche europäische Normgebung ersetzt. Die Wirtschaftsgemeinschaft basiert auf einer Zollunion[55], wobei die gemeinschaftliche Außenwirtschaftspolitik auf eine einheitliche Handelspolitik der EU gegenüber den Nichtmitgliedsstaaten gerichtet ist. Nicht vereinbar mit der Einführung eines gemeinsamen Zolls und der Erhebung von Zöllen gegenüber den Mitgliedstaaten waren daher die jeweiligen nationalen Zollvorschriften.[56]

Die Verordnung (EG) Nr. 459/68 war die erste europäische Antidumpingregelung. Die EG-Antidumpinggesetzgebung wird gemeinhin als *„Basic Regulation"* oder „Grundverordnung" bezeichnet, weshalb die VO (EG) Nr. 459/68 auch *„1968 Basic Regulation"* bzw. Antidumping Grundverordnung (AD-GVO) genannt wird. Bis heute wurde die AD-GVO fünfmal überarbeitet, und zwar durch VO (EG) Nr. 3017/79 vom 20. Dezember 1979, VO (EG) Nr. 2176/84 vom 23. Juli 1984, VO (EG) 2423/88 vom 11. Juli 1988, VO (EG) Nr. 3283/94 vom 22. Dezember 1994 sowie der VO (EG) Nr. 384/96 vom 22. Dezember 1995.[57]
Die gegenwärtig in Kraft gesetzte Verordnung ist die „1995 Grundverordnung" und wurde seither lediglich partiell modifiziert.[58]

b) USA

Die Vereinigten Staaten von Amerika erließen 1916 mit dem *Revenue Act* ein Gesetz, das Dumping von den ausländischen Herstellern sanktionierte. Entscheidend für das Verständnis über den Regelungszusammenhang des

---

54 Die gemeinsame Handelspolitik resultiert aus Art. 3 (b) und Art. 110–116 der Verträge von Rom. Ausdrücklich wird dabei das Antidumping in Art. 113 Abs. 1 geregelt.

55 Hauptmerkmal einer Zollunion (definiert in Art. XXIV Abs. 8 lit. b GATT) ist die Eliminierung der preis- und mengenmäßigen Beschränkung des internationalen Handels innerhalb der Union, wobei ein externer Tarif für den Handel mit Drittstaaten festgesetzt wird (vgl.: Dolzer, in: Graf Vitzthum, Völkerrecht, Abschn. VI, Rn. 95).

56 Li, Anti-Dumping Law of the WTO/GATT and the EC, S. 42.

57 Weigl in: Grabitz/Hilf, Vorbem. E 6, Rn. 89; Li, Anti-Dumping Law of the WTO/GATT and the EC, S. 42,

58 VO (EG) Nr. 2331/96; VO (EG) Nr. 905/98; VO (EG) Nr. 2238/00; VO (EG) Nr. 1515/2001; Übersicht bei Weigl, in: Grabitz/Hilf, Vorbem. E 6, Rn. 89.

Revenue Act ist der Umstand, dass diesem Gesetz der *Clayton Act* von 1914 vorausging.[59]
Durch diese Vorschrift wurde das für amerikanische Unternehmen geltende Kartellrecht u.a. um das Verbot von Preisdiskriminierungen auf dem amerikanischen Markt erweitert. Hintergrund dieses Verbotes war die Vorstellung, dass Unternehmen, die Preisdifferenzierungen zwischen zwei Märkten vornehmen konnten, auf dem einen Markt über eine Monopolstellung verfügen mussten, sodass sie die Preise von Wettbewerbern auf anderen geographischen Märkten unterbieten konnten.[60] Ein derartiges Ausnutzen der Monopolstellung wurde mit dem *Clayton Act* verboten. Mit dem *Revenue Act* von 1916 sollte dieses Verbot auch auf ausländische Unternehmen ausgedehnt werden. Der *Revenue Act* ermöglichte einen dreifachen Schadensersatz. Die Vorschrift ging von einer dem heutigen Dumpingbegriff im Wesentlichen gleichen Definition des Dumpings ging aus und stellte dieses unter Strafe. Dafür musste aber als subjektives Tatbestandsmerkmal die Absicht einer Zerstörung oder Schädigung der amerikanischen Wirtschaft nachgewiesen werden, was in der Praxis oft erhebliche Schwierigkeiten bereitete.[61]

Aus diesem Grund verzichtete der *U.S.-Antidumping Act* von 1921 auf diese subjektiven Tatbestandsmerkmale und setzte im Übrigen als Sanktion des Dumpings keinen Schadensersatz, sondern einen Dumpingzoll in Höhe der Dumpingmarge fest. Damit wurde der klassische Doppeltatbestand des Dumpings und der Schädigung mit einer Rechtsfolge der Erhebung eines Zolls im Zollrecht kodifiziert.[62] Der Schwerpunkt der Maßnahmen von der Förderung des Wettbewerbs verschob sich somit hin zu dem Schutz der heimischen Industrie vor kostengünstigen Importen aus dem Ausland.[63]
Der amerikanische *Antidumping Act* vereinigte damit die bis heute geltenden Voraussetzungen für die Dumpingabwehr: Das Vorliegen einer Preisdifferenzierung und einer dadurch verursachten Schädigung der

---

59 Übersicht bei: Irwin, The Rise of U.S. Antidumping Activity in Historical Perspective, in: IMF Working Paper, WP/05/31, 2005, S. 4.

60 Vgl.: Viner, Dumping, A Problem of International Trade, S. 94 ff.; Düker, Rechtschutz gegen Antidumpingmaßnahmen der Europäischen Gemeinschaft, S. 31.

61 Viner, Dumping, A Problem of International Trade, S. 244 f.; Börner, Dumping und Diskriminierung, in: FS Hallstein, S. 43 f.

62 Park, Regelung und Praxis des Antidumpingrechts, S. 18 f.

63 Börner, Dumping und Diskriminierung, in: FS Hallstein, S. 58; Park, Regelung und Praxis des Antidumpingrechts, S. 18 f.

heimischen Industrie.[64] Der aus dem Jahre 1930 datierende *Tariff Act of 1930* stellt das noch heute geltende Antidumpingrecht der USA dar.[65]

3. Artikel VI GATT

Nach Art. VI des GATT ist Dumping dann gegeben, wenn der Preis des exportierten Produkts in dem ausgeführten Land niedriger ist, als auf dem heimischen Markt.[66] Ist kein heimischer Markt vorhanden, dann kann als Vergleichspreis der höchste Preis eines vergleichbaren Produkts bei Export in ein anderes Land unter normalen Handelsbedingungen zugrunde gelegt werden. Alternativ können auch die Produktionskosten, addiert mit Verwaltungskosten und einem Gewinn, herangezogen werden.[67]

Der Antidumpingzoll soll dann auferlegt werden, wenn sicher ist, dass das Dumping eine materielle Schädigung der heimischen Industrie verursacht hat, verursachen wird oder eine im Aufbau befindliche Industrie ernsthaft gefährden könnte.[68]

Mit anderen Worten kann ein Antidumpingzoll festgesetzt werden, wenn Normalpreis und Exportpreis divergieren und kumulativ ein Schaden der heimischen Industrie durch das Dumping bereits entstanden oder zu befürchten ist.

Die Regelungen des GATT verbieten das Dumpingverhalten grundsätzlich nicht. Allerdings ermöglicht Art. VI GATT den durch gedumpte Produkte geschädigten Unternehmen (entgegen dem Meistbegünstigungsgrundsatz) durch staatliche Interventionen die grundsätzlich selektiven Ausgleichszölle zu erheben, wenn materielle wie formelle Verfahrenserfordernisse eingehalten sind.[69] Im Hinblick auf den Art. VI GATT hat das U.S.-Recht mit seinem *Antidumping Act of 1921* die Entwicklung der Antidumpingvorschrift

---

64 Düker, Rechtschutz gegen Antidumpingmaßnahmen der Europäischen Gemeinschaft, S. 33.

65 USA: 19 U.S.C. §§ 1673 – 1677 k.

66 Art. VI Paragraph 1 (a) GATT.

67 Art. VI Paragraph 1 (b) GATT.

68 Art. VI Paragraph 6 (a) GATT.

69 Park, Regelung und Praxis des Antidumpingrechts, S. 21.

entscheidend beeinflusst, da der Art. VI GATT aus der Konzeption des *Antidumping Acts von 1921* übernommen wurde.[70]

4. Vom GATT Antidumping-Kodex zum WTO-ADÜ

Trotz seiner einschlägigen Bestimmung des Art. VI GATT in Bezug auf das Antidumpingrecht enthält diese Vorschrift nur wenige und weit gefasste Voraussetzungen für die Umsetzung nationaler Bestimmungen. Um eine einheitliche nationale Umsetzung der Antidumpingvorschrift zu erreichen, wurden in den GATT-Verhandlungsrunden verbindliche Vereinbarungen über die Handhabung von Antidumpingmaßnahmen geschlossen.[71]
Der Antidumping-Kodex regelt die materiellen Voraussetzungen des Dumpings, der Schädigung und die unterschiedlichen Phasen der Untersuchung, nach denen sich die nationalen Antidumpingvorschriften richten sollen.[72]
Über diese Bestimmungen der internationalen Vereinbarung verhandeln die Vertragspartner seit der *Kennedy-Runde*.

a) Kennedy-Runde

Da Art. VI GATT wegen der sog. *„grandfather"*-Klausel in Punkt 1 lit. b des Protokolls von Genf über die vorläufige Anwendung des Allgemeinen Zoll- und Handelsabkommens (GATT) vom 30. Okt. 1947 nur mit der in Kraft befindlichen Gesetzgebung angewandt werden konnte, war er zu unverbindlich, um das Antidumpingrecht zufrieden stellend zu regeln.[73]
Daher wurden in den Verhandlungen der Kennedy-Runde (1964-1967) neue Regelungen im ersten GATT Antidumping-Kodex 1968 geschaffen.

b) Tokyo-Runde

In der Tokyo-Runde (1973-79) zum GATT Antidumping-Kodex 1979 wurde ein neuer Antidumping Kodex mit dem Titel *„Agreement on Implementation of*

---

70 Börner, Probleme des Europäischen Rechts, in: FS-Hallstein, S. 42, 44; Düker, Rechtschutz gegen Antidumpingmaßnahmen der Europäischen Gemeinschaft, S. 33.

71 Park, Regelung und Praxis des Antidumpingrechts, S. 22.

72 Düker, Rechtschutz gegen Antidumpingmaßnahmen der Europäischen Gemeinschaft, S. 33.

73 Weigl, in: Grabitz/Hilf, Vorbem. E 6, Rn. 88.

Article VI of the General Agreement on Tariffs and Trade" verabschiedet. In wesentlichen Bereichen stimmte der neue Kodex mit seinen Vorgängern überein. Signifikante Unterschiede wurden hauptsächlich in den Bereichen der Bestimmung der materiellen Schädigung, Preisverpflichtungen und der Auferlegung und Einziehung von Antidumpingzöllen erreicht.[74]

c) Uruguay-Runde

Nach den vom 20. September 1986 bis zum 15. Dezember 1993 über sieben Jahre dauernden Verhandlungen der Uruguay-Runde wurde das Antidumpingübereinkommen („ADÜ") als Teil des Übereinkommens zur Errichtung der Welthandelsorganisation („WTO") erstmals für alle WTO Signatarstaaten allgemein verbindlich (Art. II Abs. 2 des Übereinkommens zur Errichtung der Welthandelsorganisation).[75] Das WTO-ADÜ löst den – zuletzt in der Tokyo-Runde überarbeiteten – Antidumping-Kodex ab und umfasst eine Änderung in nahezu allen 16 Artikeln.[76]

Allerdings waren die Verhandlungen im Rahmen der Uruguay-Runde gekennzeichnet von politisch diametral entgegengesetzten Interessen der einzelnen Nationen und führten zu zähen Diskussionen.[77]

Bereits durch den Vorschlag der Vereinigten Staaten vom 20.11.1989 war zu erkennen, dass sich die Vereinigten Staaten einerseits bewusst waren, welche negativen Auswirkungen eine weltweite Antidumpingregelung für den Wettbewerb hatte, doch andererseits dem innenpolitischen Druck der importabhängigen Industriegruppe ausgesetzt waren. Sie verlangten zum einen eine Verschärfung der Umgehungsmaßnahmen, zum anderen Gegenmaßnahmen bei wiederkehrenden Schädigungen durch Dumping.[78]

Der Vorschlag der Europäischen Gemeinschaft ging dahin, geringere Voraussetzungen zur Auferlegung von Antidumpingzöllen zu statuieren,

---

74 Ausführlich zur Tokyo-Runde: Park, Regelung und Praxis des Antidumpingrechts, S. 26 ff.; Low, Trading Free, S. 45 ff.; Stenbrook/Bentley, Dumping and Subsidies, 3 ff.

75 Weigl, in: Grabitz/Hilf, Vorbem. E 6, Rn. 37.

76 Weigl, in: Grabitz/Hilf, Vorbem. E 6, Rn. 16.

77 Die EG und die USA waren für eine größere Protektion durch Antidumping eingetreten, während Kanada, Norwegen, Schweden, Finnland, Japan, Korea u.a. sich für das Gegenteil einsetzten, vgl.: Horlick, Antidumping at the Seattle Ministerial, in: Journal of International Economic Law, 3, 2000, S. 178 (180).

78 Park, Regelung und Praxis des Antidumpingrechts, S. 33.

welche zumeist auf japanische Importe bezogen waren. Sowohl die USA als auch die EU als wichtigste Anwenderstaaten des Schutzinstruments, forderten eine einfachere Anwendung der Antidumpingmaßnahmen auch bei schädlichen regionalen Effekten und eine Lockerung der Standards. Nach langen und schwierigen Verhandlungsjahren hat der Antidumping-Kodex der Uruguay-Runde zwar kaum entscheidende Veränderungen im Grundsatz gebracht, doch wurde in einigen Punkten eine Einigung erzielt.[79]

So beispielsweise wurde durch den dritten Antidumping-Kodex die Dauer des Verfahrens auf höchstens fünf Jahre begrenzt (*„sunset clause"*), in unbedeutenden Fällen muss das Verfahren eingestellt werden (*„de minimis clause"*). Dies trägt zu einer Verfahrensverkürzung, Kostenersparnis und besserer Vorhersehbarkeit des Verfahrens für die Beteiligten bei. Weiter wurde die Dumping- und Schadensfeststellung detaillierter geregelt und Verbraucher und Anwender werden stärker gehört.[80]

d) Fazit

Die ständige Weiterentwicklung der Antidumpingregeln hält auch künftig an: So soll sich auch die im November 2001 in Gang gesetzte neue Welthandelsrunde (Doha Development Agenda) weiter mit Antidumping befassen. Seit der Kennedy-Runde ist die Gemeinschaft an der Ausgestaltung und Verfeinerung der Antidumpingregeln, die mit der Entwicklung ihres eigenen Antidumpingingstruments zusammenfiel, maßgeblich beteiligt. Seit 1970 wurde die EU zu einem der wichtigsten Anwender.[81]

Doch ist trotz dieser Entwicklung zu betonen, dass es sich bei den Regelungen des WTO-ADÜ um eine Kompromisslösung handelt, die lediglich im Rahmen einer „Paketlösung"[82] als Teil der Bilanz der Uruguay-Runde und unter Ausklammerung der besonders umstrittenen Antidumping-Umgehungsregeln erzielt werden konnte.

---

79 Pachmann, Das Verhältnis von Antidumping zum internationalen Wettbewerbsrecht, S. 11.

80 Pachmann, Das Verhältnis von Antidumping zum internationalen Wettbewerbsrecht, S. 11.

81 Weigl, in: Grabitz/Hilf, Vorbem. E 6, Rn. 88.

82 Weigl, in: Grabitz/Hilf, Vorbem. E 6, Rn. 38.

Zudem ist weiterhin das entscheidende Kriterium der Feststellung des Dumpings die Schädigung der heimischen Industrie und nicht die Schädigung der Gesamtwirtschaft.[83]

Überdies wurde der Ermessensspielraum der Behörden bei der Dumping- und Schadensfeststellung auch durch die Uruguay-Runde nicht hinreichend eingeschränkt.[84]

Es bleibt festzuhalten, dass insgesamt die Chance nicht genutzt wurde, das protektionistische Potential der Antidumpinggesetze grundlegend zu reformieren.

---

83 Pachmann, Das Verhältnis von Antidumping zum internationalen Wettbewerbsrecht, S. 11.

84 Bourgeois, WTO Dispute Settlement in the Field of Anti-Dumping Law, in: JIEL (1) 1998, S. 259 (260); Koopmann, Dumping, Anti-Dumping and Competition Policies, S.10.

D. Die Umsetzung des WTO-ADÜ

I. Einleitung

Wenn durch das Dumping ein inländischer Wirtschaftszweig beeinträchtigt wird oder geschädigt zu werden droht und dabei ein Kausalzusammenhang zwischen dem Dumping und der Schädigung besteht, kann gem. Art. 4 WTO-ADÜ ein Antidumpingzoll in Höhe der Dumpingspanne verhängt werden.

In dem folgenden Kapitel werden das WTO-ADÜ und ihre jeweiligen Umsetzungen innerhalb der EU und den USA dargestellt, wobei verdeutlicht werden soll, wie die europäischen und U.S.-amerikanischen Antidumpingvorschriften jeweils rechtlich ausgelegt und in der Praxis angewendet werden.

Eine weitgehende Harmonisierung der einzelnen Antidumpingregelungen wurde mit der Implementierung der Ergebnisse der Antidumpingverhandlungen der Uruguay-Runde durch die Vertragsstaaten erreicht. Infolgedessen sind zwischen den jeweiligen Antidumpingvorschriften kaum signifikante Unterschiede zu erkennen, sodass die Vorschriften der nationalen Regelungen gemeinsam erörtert werden. Besonderheiten in den unterschiedlichen Gesetzgebungen werden dabei entsprechend hervorgehoben.

II. Rechtsgrundlagen

1. Europäische Gemeinschaft

Die Antidumpingverordnung der Europäischen Gemeinschaft orientiert sich dem Grunde nach strikt an dem WTO-ADÜ.

Zwar hat die EU bisher keine eigene Rechtspersönlichkeit, kann also nicht Mitglied der WTO sein. Anders dagegen die EG, doch war diese ursprünglich nicht Vertragspartei des GATT. Allerdings entstand die Bindung der EU zum Welthandelsrecht über die Brücke der Mitgliedstaaten und die Weiterleitung auf Gemeinschaftsebene. Mittlerweile ist die EG Mitglied der WTO.[85]

Die Orientierung der Antidumpingverordnung an dem WTO-ADÜ äußert sich in dem bemerkenswerten Gleichlauf von Struktur und Formulierungen der Art.

[85] Schulze/Zuleeg, § 24, Rn. 33.

1 bis 11 der Antidumping-Grundverordnung und des WTO-Antidumpingübereinkommens.[86]

Allerdings weist die Grundverordnung auch Abweichungen auf, deren Vereinbarkeit mit dem WTO-ADÜ fraglich und bisher ungeklärt ist.[87]

Nach dem Abschluss der Uruguay-Runde wurde die bislang geltende Verordnung Nr. 2423/88 durch die neue Verordnung Nr. 3283/94[88] zur Abwehr des Dumpings ersetzt. Diese entsprach grundsätzlich der vorausgegangenen Verordnung und wurde lediglich dem neuen Antidumping-Kodex der Uruguay-Runde angepasst. Nachfolger dieser Bestimmung stellt die Verordnung Nr. 384/96 dar, welche nunmehr die geltende Grundlage des Antidumpingrechts der Europäischen Gemeinschaft darstellt und aus Art. VI GATT hergeleitet ist.[89] Spätere Änderungen[90] dieser Vorschrift brachten keine substanziellen Veränderungen, sondern lediglich einige Anpassungen, damit im Rahmen des EG-Vertrages und des EGKS-Vertrages einheitliche Antidumpingregeln angewandt werden können.[91] Die Antidumping-Grundverordnung in der Fassung der Verordnung (EG) Nr. 384/96 ist das mit Abstand am meisten genutzte Schutzinstrument im Rahmen der gemeinschaftlichen Handelspolitik.[92] Die jüngste Veränderung der AD-GVO erfolgte im März 2004[93] und betraf in erster Linie das Beschlussverfahren zur Einführung von Antidumpingzöllen, welches grundlegend geändert wurde.[94]

Des Weiteren wurden verbindliche Fristen für die Durchführung von bestimmten Überprüfungsverfahren festgelegt. Außerdem treten nunmehr Zölle

---

86 Am Schluss der Erwägungsgründe 2 bis 5 der AD-GVO heißt es: „Angesichts des Umfangs der Änderungen und zur Sicherung einer angemessenen und transparenteren Umsetzung der neuen Regeln sollten die Formulierungen des neuen Übereinkommens soweit wie möglich in das Gemeinschaftsrecht übertragen werden.“; vgl.: Düker, Rechtschutz gegen Antidumpingmaßnahmen der Europäischen Gemeinschaft, S. 46.

87 Düker, Rechtschutz gegen Antidumpingmaßnahmen der Europäischen Gemeinschaft, S. 46.

88 ABl. 1994 Nr. L 349/94.

89 ABl. 1996 Nr. L 56/1.

90 VO (EG) Nr. 2331/96, ABl. 1996 Nr. L 317/1 und VO (EG) Nr. 905/98, ABl. 1998 Nr. L 128/18; VO (EG) 2238/2000, ABl. 2000 Nr. L 2577/2 ff. und VO (EG) Nr. 1972/2002, ABl. 2002 Nr. L 305/1ff.

91 Montag/Fiebig, in: Steele, S. 98 ff.

92 Pachmann, Das Verhältnis von Antidumping zum internationalen Wettbewerbsrecht, S. 38.

93 VO (EG) Nr. 461/2004, ABl. 2004 Nr. L 77/12 ff.

94 Düker, Rechtschutz gegen Antidumpingmaßnahmen der Europäischen Gemeinschaft, S. 46

automatisch in Kraft, falls Exporteure die von ihnen gegenüber der Kommission eingegangenen Selbstverpflichtungen verletzen oder widerrufen.[95]

2. Vereinigte Staaten von Amerika

Um den Antidumping-Kodex der Tokyo-Runde in nationales Recht zu implementieren, erließen die Vereinigten Staaten den Trade Agreement Act von 1979[96]. Allerdings erforderte der Antidumping-Kodex der Tokyo-Runde umfassende Reformen des nationalen Antidumpingrechts, vor allem im Verfahrensbereich.[97] Diese Regelung wurde dann durch den Trade and Tariff Act von 1984 ergänzt, welcher zu einer Straffung und Verschärfung des amerikanischen Antidumpingrechts führte. Die neuste Veränderung wurde aufgrund der Uruguay-Runde vorgenommen. In dieser Fassung findet das Antidumpingrecht noch heute Anwendung.

Daneben ist allerdings noch der selten genutzte Antidumping Act von 1916 gültig, welchem im Wesentlichen der gleiche Dumping-Begriff zugrunde liegt, wie heute dem WTO-ADÜ. Dieser Begriff ist vor dem Hintergrund des Clayton Act von 1914 zu sehen, der das geltende Kartellrecht u.a. mit einem Verbot der Preisdiskriminierung belegte, nämlich durch die Bestrafung von Dumpingpraktiken und dem Recht auf dreifachen Schadensersatz, soweit die Absicht der Schädigung eines U.S.-Wirtschaftszweiges oder der Monopolisierung des betreffenden Marktes nachgewiesen werden kann.[98]
Erklärtes Ziel des Antidumping Act von 1916 war es, das Verbot der Preisdiskriminierung auf ausländische Unternehmen oder Personen, die in den USA Handel betrieben, auszudehnen. Es handelt sich hierbei um das weltweit einzige strikt an wettbewerbsrechtlichen Grundsätzen orientierte Antidumpinggesetz.[99]

---

95 Düker, Rechtschutz gegen Antidumpingmaßnahmen der Europäischen Gemeinschaft, S. 47.

96 USA: Vom 26.07.1979, Pub. L. 96-39, 93 Stat. 144 – dem Tariff Act von 1930 wurde ein neuer Titel VII „*Countervailing Duty and Antidumping Law*" hinzugefügt.

97 Park, Regelung und Praxis des Antidumpingrechts, S. 78; Pachmann, Das Verhältnis von Antidumping zum internationalen Wettbewerbsrecht, S. 43.

98 Zenith Radio Corp. v. Matsushita Elec. Indus. Co., 494 F. Supp. 1190, 1223.

99 Pachmann, Das Verhältnis von Antidumping zum internationalen Wettbewerbsrecht, S. 43.

III. Materieller Dumpingtatbestand

Gem. Art. II Abs. 1 WTO-ADÜ ist eine Ware gedumpt, d.h. als unter ihrem Normalwert auf dem Markt eines anderen Landes gebracht anzusehen, wenn ihr Preis bei der Ausfuhr niedriger ist, als der vergleichbare Preis einer im Ausfuhrland bestimmten gleichartigen Ware im normalen Handelsverkehr.

1. Betroffene und gleichartige Ware

Bezugspunkt der Feststellung des Dumpings und einer Schädigung in der EU ist die gleichartige und die betroffene Ware. Gleichartigkeit liegt bei identischen oder zumindest sehr ähnlichen Waren vor.[100] In der Antidumping-Grundverordnung findet sich keine genauere Definition des Merkmals der Gleichartigkeit. Um Umgehungen des Antidumpingrechts keinen Vorschub zu leisten, legt die Praxis den Begriff der gleichartigen Waren weit aus.[101]

In den USA dagegen ist es eine „schwierige und immer wieder umstrittene Frage“[102], ob ein enger oder ein weiter Anwendungsbereich dem Begriff des *„like-products“* zugrunde gelegt werden soll.

Eine interessante Entscheidung hierzu fällte der *Court of International Trade*[103]*:* Eine japanische Firma lieferte billige, technisch am unteren Ende angesiedelte elektrische Schreibmaschinen in die USA. Die *International Trade Commission* (ITC) prüfte lediglich eine mögliche Beeinträchtigung des amerikanischen Marktes für elektrische Schreibmaschinen. Der Kläger, ein U.S.-amerikanischer Hersteller von manuellen und elektrischen Schreibmaschinen wandte sich gegen die Auswahl dieses Marktsegments und forderte die Überprüfung des Marktes für manuelle Schreibmaschinen, da die minderwertigen japanischen elektrischen Schreibmaschinen gerade dieses Marktsegment beeinträchtigen. Das Gericht[104] wies diese Begründung allerdings unter dem Hinweis auf die übliche Definition des *„like-Products“* ab. Danach kommt es auf eine größt-mögliche Ähnlichkeit des zu überprüfenden Produkts der U.S.-amerikanischen Industrie mit der importierten Ware. Da elektrische Schreibmaschinen andere Gattungsmerkmale als manuelle

---

100 Art. 1 Abs. 4 AD-GVO.

101 Düker, Rechtschutz gegen Antidumpingmaßnahmen der Europäischen Gemeinschaft, S. 48; Wenig/Weigl, in: Grabitz/Hilf, E 6 Art. 1, Rn. 33.

102 von Baum, Das Antidumpingverfahren in den USA, in: ZfZ 1996, S. 233 (235).

103 *SCM Corp. v. United States* 540 Fed. Supp., 1341 (1982).

104 USA: 19 U.S.C. § 1677 (4) (A) (1990).

Schreibmaschinen aufweisen, wurde eine Beeinträchtigung des Marktes für manuelle Schreibmaschinen abgelehnt. In einem anderen Verfahren entschied die Commission konsequent mit ähnlicher Begründung, diesmal jedoch zugunsten der heimischen Produzenten.[105]
In dem Verfahren *Canned Mushrooms from the Peoples Republic of China*[106] verlangten die Importeure von Dosenpilzen vergeblich eine Untersuchung der florierenden amerikanischen Frischpilz-Hersteller neben der Untersuchung der wirtschaftlich angeschlagenen U.S.-Dosenpilzhersteller. In dieser Entscheidung stellte die Behörde jedoch noch auf ein anderes Kriterium ab: Es komme nicht allein auf die Identität der Gattungsmerkmale an, sondern auch darauf, ob diese Produkte aus Sicht des Abnehmers üblicherweise konkurrieren. Auch ohne Vorliegen gleicher Gattungsmerkmale könne es sich um ein *„like-Product"* handeln, wenn der Endabnehmer ohne Schwierigkeiten von einem Produkt auf das andere übergehen würde.[107]

Diese Rechtssprechung ähnelt der Anwendungspraxis in der EU. Auch dort ist anerkannt, dass der Verwender oder Endverbraucher, um Gleichartigkeit der Produkte annehmen zu können, von einer Warenart zur anderen überwechseln können muss.[108]
Darüber hinaus dürfte es sich um eine einheitliche, einzige Ware handeln, wenn aus der Sicht des Verbrauchers ein allgemeines Wettbewerbsverhältnis zwischen den einzelnen Warentypen vorliegt.[109]
Somit kommt es letztlich sowohl in der EU als auch in den USA darauf an,

> *„[...] ob Waren, die stoffliche, technische oder chemische Gemeinsamkeiten aufweisen, miteinander austauschbar sind und zueinander in einem Wettbewerbsverhältnis stehen."*[110]

---

105 Baum, Das Antidumping-Verfahren in den USA, in: ZfZ 1996, S. 233 (235).
106 USA: U.S.I.T.C. Pub. 1324 (Dez. 1982)
107 Siehe auch: *Precipitated Barium Carbonate from the Federal Republic of Germany* U.S.I.C.T. Pub. 1154 at 5 (Juni 1989); vgl.: Baum, Das Antidumping-Verfahren in den USA, in: ZfZ 1996, S. 233 (235).
108 Wenig/Weigl, in: Grabitz/Hilf, E 6 Art. 1, Rn. 38.
109 Wenig/Weigl, in: Grabitz/Hilf, E 6 Art. 1, Rn. 40
110 Wenig/Weigl, in: Grabitz/Hilf, E 6 Art. 1, Rn. 40.

2. Verkauf unter Produktionskosten - Dumping

Bereits 1921 sahen die ersten Antidumpinggesetze den Begriff der Verkäufe unter Produktionskosten als im Gegensatz zum normalen Handelsverkehr getätigt vor.[111]

Die USA hatten schon 1974 die Regelung des Dumping unter Produktionskosten eingeführt,[112] wohingegen die EG die Formulierungen erst im Jahre 1979 nach der ausdrücklichen Festsetzung der Regelung im Tokyo Antidumping Kodex in ihre Antidumpingvorschrift übernommen hat.[113]

Die Europäische Gemeinschaft hat die Regelung des Art. 2.2.1.1. WTO-ADÜ nahezu wörtlich in ihr Antidumpingrecht übertragen.[114] Danach müssen die Verkäufe während eines längeren Zeitraums und in erheblichen Mengen getätigt werden. Vor dieser Implementierung des Antidumping-Übereinkommens wurden in der EG alle Kosten ohne Ausnahmen und damit auch die Kosten der sog. *„start-up"*-Phasen[115], bei der Berechnung berücksichtigt. Nunmehr werden alle wiederkehrenden Kosten über eine längere Zeitspanne aufgeteilt, da sich zu dieser Anfangsphase der Produktion die Stückkosten wegen der niedrigeren Produktionsmenge erhöhen.[116]

Diese Regelung des Art. 2.2.1.1 WTO-ADÜ stellte einen Kompromiss für diesen sehr umstrittenen Fragenkomplex dar. Einerseits wurde eine hypothetische Bewertung der Kosten bei Produktionsaufnahme, etwa anhand von Informationen aus früheren Produktzyklen für andere Waren oder Modelle oder mittels einer Abschätzung der zu erwartenden Kostendeckung, vermieden. Andererseits wurde, abgestimmt auf die Ermittlungsmöglichkeiten, erstmals der Grundsatz aufgenommen, dass und in welchem Umfang eine solche Berichtigung vorzunehmen ist (Art. 2.2.1.1 Satz 3 HS 1 i.V.m. der amtlichen Fn. 6 WTO-ADÜ).[117]

---

[111] The Customs Tariff Act, An Act to Amend the Customs Tariff, 1897, 4 Edw. VII, I Canada Statutes III (1904); USA: Antidumping Act of 1921, Kap. 14 §§ 201-12, Pub. L. No. 67-10, 42 Stat. 9, 11-15; siehe dazu: Li, Anti.Dumping Law of the WTO/GATT in the EC, S. 31.

[112] USA: Trade Act 1974 S. Rep. 93-1298, 93d Cong., 2d Sess. 173 (1974), heute: 19 U.S.C. § 1677 b (b).

[113] EG: Art. 2 Abs. 4 VO (EG) Nr. 1681/1979 ABl. EG Nr. L 196 vom 2. August 1979.

[114] EG: Art. 2 Abs. 4 VO (EG) Nr. 384/96.

[115] Kinder, Die Außenindustriepolitik der Europäischen Gemeinschaft, S. 178.

[116] Didier, WTO Trade Instruments in EU law, S. 30 f.

[117] Weigl, in: Grabitz/Hilf, E 6 Art. 2, Rn. 153.

Die Produktionsaufnahmekosten werden im EG-Recht seither in Art. 2 Abs. 5 i.V.m. Art. 2 Abs. 4 VO (EG) 184/96 in besonderen Situationen berücksichtigt.

Auch im U.S.-Recht finden die *„start-up"*-Kosten mittlerweile Berücksichtigung.[118] Waren zuvor sechs Monate zur Untersuchung der Verkäufe üblich, so wurde durch den Austausch der Wörter *„over"* durch *„within"*[119] in den U.S.-Antidumpingregelungen der Zeitraum der Untersuchung auf ein Jahr erweitert.[120] Das Merkmal *„over"* einen längeren Zeitraum wurde bisher so definiert, dass in dem Zeitraum von sechs Monaten, in mehreren Monaten der Preis unter den Kosten lag, wohingegen nunmehr möglich ist, dass durch das *„within"* die Verkäufe unter den Produktionskosten in einem geringeren Zeitraum (z.B. ein bis zwei Monate) vom Untersuchungszeitraum zur Festsetzung eines Dumpingzolls ausreichen.[121]
Das Merkmal des „Verkaufs unter Produktionskosten" hat in den USA eine beachtliche Stellung eingenommen. Fast 60 % aller Antidumpingvorwürfe seit 1980 basierten auf diesem Vorwurf.[122]

3. Preisvergleich

Der Feststellung von Dumping liegt ein schlichter Preisvergleich zugrunde. Die eingeführte Ware wird auf dem ausländischen Markt günstiger verkauft als auf dem heimischen Markt. Diese Berechnung erfordert einen Verkauf gleichartiger Erzeugnisse auf beiden Märkten. Der Vergleich des Exportpreises und des Normalwertes soll dann auf derselben Handelsstufe, auf dem *„ex-factory Level"* (ab Werk) erfolgen.[123] Voraussetzung des Vergleichs ist also ein Abzug der Transport- und Kreditkosten, der fälligen Steuern und die Berücksichtigung

118 USA: 19 U.S.C. § 1677 b (f) (C); Palmeter, United States Implementation of the Uruguay Round Antidumping Code, in: JWT, 29, 1995, S. 39 (49).
119 USA: 19 U.S.C. § 1677 b (b) (1) (A). Im 19 U.S.C. § 1677 b (b) (1) von 1988 stand noch *„over an extended period"*.
120 USA: 19 U.S.C. § 1677 b (b) (2) (B).
121 Pachmann, Das Verhältnis von Antidumping zum internationalen Wettbewerbsrecht, S. 57.
122 Pachmann, Das Verhältnis von Antidumping zum internationalen Wettbewerbsrecht, S. 58.
123 Didier, WTO Trade Instruments in EU Law, S. 45.

der unterschiedlichen Verkaufsbedingungen, der Mengen und sonstiger Faktoren.[124]

Als problematisch erweist sich allerdings die Berechnung der genauen Handelsstufe, da für einen fairen Vergleich beider Preise Preisnachlässe und Rabatte, Transportkosten, Versicherungen, Bereitstellung-, Fracht-, Verpackungs- und Kreditkosten, aber auch Steuern, Sicherheitskosten, Garantien, Kosten für den After-Service und Kundendienst, Kommissionärkosten und Wechselkurse berücksichtigt werden.[125]
Wenn sich ausländische Produzenten eigener Handelsvertreter bedienen, muss der Preis grundsätzlich zurückberechnet werden, wobei der Verkauf an den ersten unabhängigen Käufer entscheidend ist. Dies kann problematisch sein, da der Exporteur beweisen muss, dass verschiedene Handelsstufen *(levels of trade)* bestehen, indem er die verschiedenen Stufen auf der Transaktions-zu-Transaktionsbasis aufzeigt.[126] Gem. Art. 2.4.2. WTO-ADÜ kann ein durchschnittlicher Normalwert mit den Preisen einzelner Ausfuhrgeschäfte verglichen werden. Zudem muss durch das Antidumpingrecht gewährleistet sein, dass die beiden miteinander verglichenen Preise der Realität entsprechen.[127] Der Normalwert dient als Vergleichsgrundlage, wenn ein Importprodukt im Ausfuhrland unter Wert verkauft wird. In der Uruguay-Runde wurde die – bis zum damaligen Zeitpunkt auf 10% oder mehr festgelegte – Grenze für Unterkostenverkäufe im Markt des Ausfuhrlandes auf 20% angehoben.[128] Seitdem kann der Normalwert seltener von der Behörde berechnet werden, was wiederum zu einer insgesamt genaueren und ausgewogeneren Dumpinganalyse führt, da gerade in der Berechnung des

---

124 Park, Regelung und Praxis des Antidumpingrechts, S. 81; Belderbos, Antidumping und Tariff Jumping, in: Weltwirtschaftliches Archiv, 133, 1997, S. 419 (426).

125 EG: Art. 2 (10) a)-j) VO (EG) Nr. 384/96; USA: 19 U.S.C. § 1677 a (c) für den Exportpreis und § 1677 b (a) (6)-(8); vgl.: Rabe/Schütte, EC Anti-Dumping Law, in: Common Market Law Review, 26, 1989, 643 (665), die eine Differenzierung zwischen Verkäufen an verschiedenen Gruppen von Käufern und den unterschiedlichen Handelsebenen vorschlagen.

126 Didier, WTO Trade Instruments in EU Law, S. 21 f.; Park, Regelung und Praxis des Antidumpingrechts, S. 82.

127 Pachmann, Das Verhältnis von Antidumping zum internationalen Wettbewerbsrecht, S. 59; Park, Regelung und Praxis des Antidumpingrechts, S. 82.

128 Art. 2.2 WTO-ADÜ.

Normalwertes die Gefahr einer zu großzügigen Ausübung des Behördenermessens liegt.[129]

a) Der Normalwert

Gem. Art. 2.2 WTO-ADÜ wird der Gemeinschaftspreis grundsätzlich als „Normalwert" verstanden. Der Normalwert wiederum wird definiert als Preis, welcher für das Produkt auf dem Markt des Ausfuhrlandes im normalen Handelsverkehr verlangt wird.[130] Zur Bestimmung dieses Normalwerts sind zwei Methoden gebräuchlich.

Die rechtlich vorrangige Methode behandelt die heimischen Verkaufspreise des untersuchten Exporteurs als Grundlage. Das bedeutet, dass die gleichen Erzeugnisse auf dem Heimatmarkt *(„Home-Market")* verkauft werden müssen.[131]

Hilfsweise werden der Ausfuhrpreis in einem Drittland (Drittlandmethode[132]/„*Third-Country-Price*") oder die rechnerisch ermittelten Herstellungskosten (konstruierter Preis[133]) zur Berechnung herangezogen, wenn die Verkäufe keinem angemessenen Vergleich zugänglich sind oder die vorgeschriebene 5%-Hürde nicht erreicht wurde.[134]

aa) Preis auf dem Heimatmarkt

Der „*Home-Market-Value*" geht in der Europäischen Gemeinschaft von den Preisen aus, die der erste vom Produzenten unabhängige Käufer zahlt.[135] Um für den Vergleich mit dem Exportpreis herangezogen werden zu können, muss der Normalwert jedoch mindestens 5% der Verkäufe im Inlandsmarkt des

---

[129] Pachmann, Das Verhältnis von Antidumping zum internationalen Wettbewerbsrecht, S. 59.

[129] Art. 2.2 WTO-ADÜ.

[130] Art. 2.2 WTO-ADÜ; EG: Art. 2 I VO (EG) Nr. 384/96; USA: U.S.C. § 1677 b (a)(1)(B)(i).

[131] Art. 2.2 WTO-ADÜ; EG: Art. 2 I VO (EG) Nr. 384/96; USA: U.S.C. § 1677 b (a)(1)(B)(i).

[132] EG: Art. 2 (3) VO (EG) Nr. 384/96; USA: 19 U.S.C. § 1677 b (a)(1)(C).

[133] Dieser Betrag setzt sich zusammen aus den Verwaltungs-, Vertriebs- und anderen Kosten zzgl. eines angemessenen Gewinns (Park, Regelung und Praxis des Antidumpingrechts, S. 83 Fn. 341).

[134] Düker, Rechtschutz gegen Antidumpingmaßnahmen der Europäischen Gemeinschaft, S. 49; von Baum, Das Antidumping-Verfahren in den USA; in: ZfZ, S. 233 (234).

[135] Art. 2 Abs. 1 S. 1 VO (EG) Nr. 384/96.

Ausfuhrlandes ausmachen[136] (sog. *„five per cent test"* oder *"home market viability test"*)[137].
Wichtig ist zu betonen, dass die Fußnote 2 der WTO-ADÜ ausdrücklich klarstellt, dass dieser Test auf einer *globalen* Basis (also auf Basis der *Gesamtmenge* des verkauften Produktes) durchgeführt werden soll, indem die Verkäufe des gleichartigen Produkts im einheimischen Markt mit den Verkäufen des Produktes im Ausfuhrland verglichen werden:[138] *„[...] 5 per cent or more of the sales of the product under consideration to the importing Member [...]"*

Trotz dieser deutlichen Klarstellung prüfen einige Behörden den 5%-Test nicht nur auf Basis einer Gesamtmenge, sondern auch auf einer *„type-by-type-"* bzw. *„model-by-model"*-Basis. Aus diesem Grund haben Produktkontrollnummern (PCN) wachsende Bedeutung erlangt. Es ist unnötig zu sagen, dass, je detaillierter die PCNs sind, desto höher die Wahrscheinlichkeit ist, dass eine oder mehre PCNs nicht in ausreichender Menge auf dem Gemeinschaftsmarkt verkauft wurden. Dies hat zum Ergebnis, dass die Normalwerte dieser PCNs auf eine alternative Weise berechnet werden müssen.[139]
Hier hängt viel von dem Detaillierungsgrad der verschiedenen Klassifikationsstufen der Produkte durch die untersuchenden Behörden ab.

Zunächst wird geprüft, ob die Verkäufe im Ausfuhrland „im normalen Handelsverkehr" (*„in the Course of Ordinary Trade"*) getätigt werden. Der Begriff des normalen Handelsverkehrs betrifft den Charakter der fraglichen Verkäufe für sich betrachtet. Er soll bei der Ermittlung des Normalwertes Fälle ausschließen, in denen die Verkäufe auf dem Inlandsmarkt nicht zu normalen Handelsbedingungen getätigt wurden, insbesondere dann, wenn ein Erzeugnis zu einem Preis unter Herstellungskosten (*„low costs")* verkauft wird, oder wenn

---

136 Art. 2.2 WTO-ADÜ, Fn. 5; EG: Art. 2 Abs. AD-GVO; USA: U.S.C. § 1677 b (a)(1)(B)(ii)(II); Li, Anti-Dumping Law of the WTO/GATT and the EC, S. 88 f.

137 Vermulst, The WTO Antidumping Agreement, S. 30.

138 Anderer Ansicht jedoch: Park, Regelung und Praxis des Antidumpingrechts, S. 83: „Nicht gesetzlich geregelt ist allerdings, ob sich die Prozentzahl auf die Gesamtmenge der auf dem einheimischen Markt verkauften Produkte oder jeweils auf das einzelne gleichartige Produkt beziehen soll."

139 Vermulst, The WTO Antidumping Agreement, S. 31.

Geschäfte zwischen Partnern geschlossen werden, die einem Unternehmenszusammenschluss angehören.[140]
Art. 2.2.1 des WTO-ADÜ macht nur die Nichtberücksichtigung von Verkäufen aus preislichen Gründen von genauen Voraussetzungen abhängig. Im Übrigen werden Verkäufe im normalen Handelsverkehr in der WTO-ADÜ nicht näher definiert. Daher werden solche Preise in den Mitgliedstaaten unterschiedlich behandelt und auch der Ausschluss von Verkäufen als nicht im normalen Handelsverkehr getätigt in weiteren Fällen ist denkbar.[141]

Einige WTO-Mitgliedstaaten betrachten Preise aus *Verkäufen zwischen Parteien* mit geschäftlichen Beziehungen als nicht unter normalen Marktbedingungen zustande gekommen. Der in der Praxis wichtigste Fall einer solchen geschäftlichen Verbindung liegt bei Unternehmen vor, die lediglich als Vertriebsgesellschaften für andere Unternehmen agieren.[142]
Werden die Verkäufe an verbundene Parteien als nicht im Rahmen des normalen Handelsverkehrs angesehen, so können sie nicht bei der Berechnung des Normalwertes berücksichtigt werden, sodass auf die subsidiären Berechnungsmethoden zur Ermittlung des Normalwertes zurückgegriffen werden muss.[143]
Ziel dieser Vorgehensweise ist, Preisverzerrungen aufgrund von Unternehmensverflechtungen oder gegenseitigen Abmachungen entgegenzuwirken.[144]

(1) Umsetzung in der EU

In der EU bestimmt Art. 2 Abs. 3 i.V.m. Abs. 1 UAbs. 1 und 3 AD-GVO, dass Preise, die zwischen zwei geschäftlich verbundenen Parteien ausgehandelt wurden oder durch eine Ausgleichsvereinbarung zustande gekommen sind, *nur dann* als im normalen Geschäftsverkehr zustande gekommen angesehen werden

140 Weigl, in: Grabitz/Hilf, E 6 Art. 2, Rn. 82.
141 Weigl, in: Grabitz/Hilf, E 6 Art. 2, Rn. 84.
142 Vermulst, The WTO Anti-Dumping Agreement, S. 23.
143 Park, Regelung und Praxis des Antidumpingrechts, S. 84; Düker, Rechtschutz gegen Antidumpingmaßnahmen der Europäischen Gemeinschaft, S. 50.
144 Düker, Rechtschutz gegen Antidumpingmaßnahmen der Europäischen Gemeinschaft, S. 50.

dürfen, wenn sicher ist, dass sie durch diese Handelsbeziehung nicht beeinflusst wurden.
Nach dieser strikten Regelung sind also Verkäufe an verbundene Parteien *grundsätzlich nicht zuverlässig* („*at arm's length*") und damit im Rahmen des normalen Geschäftsverkehrs, da sie in der Regel durch die geschäftliche Verbindung oder Ausgleichsvereinbarung beeinflusst wurden.[145]
Folglich werden diese Preise in der EU grundsätzlich nicht zur Berechnung des Normalwertes herangezogen.

(2) Umsetzung in den USA

Das Erfordernis des „*Ordinary Course of Trade*" ist im U.S.-Recht im 19 U.S.C. § 1677 b (b)(1)(B) und (C) geregelt.
Das U.S.-Recht hat keine dem EU-Recht vergleichbare zusätzliche Untergruppe für Ausgleichsvereinbarungen geschaffen. Es hat ausschließlich für die Behandlung von Preisen für geschäftlich verbundene Parteien Vorgehensweisen herausgebildet.

(a) Der „arm's-length"-Test: Der „U.S.-DOC 99,5%"-Test

Um zu klären, ob Preise für verbundene Parteien im Rahmen des „*Ordinary Course of Trade*" liegen, entwickelte das U.S.-Department of Commerce (DOC) den sog. „*arm's-length*"-Test oder auch „*U.S.-DOC 99,5%*"-*Test.* Anhand dieses Tests untersuchte das DOC, ob die Preise der Verkäufe auf dem Heimatmarkt an geschäftlich verbundene Parteien vergleichbar waren mit den Preisen, die zwischen unabhängigen Parteien vereinbart wurden.[146]
An dieser Stelle soll darauf hingewiesen werden, dass die strikte Position der EU bislang innerhalb der WTO nicht angegriffen wurde.[147] Ironischerweise aber wurde die weniger radikale Interpretation des Amerikanischen Department of Commerce erfolgreich von Japan im *United States-Hot rolled steel*-Urteil[148] im November 2002 zu Fall gebracht.

---

145 Stanbrook/Bentley, Dumping and Subsidies, S. 35 f.
146 Vermulst, The WTO Anti-Dumping Agreement, S. 24.
147 Vermulst, The WTO Anti-Dumping Agreement, S. 23.
148 United-States-Hot Rolled Steel from Japan, United States–Anti-dumping measures on certain hot-rolled steel products from Japan, WT/DS184/R of February 28th 2001, Panel, Rn. 7.108-7.112.

Mit diesem Test überprüfte das DOC, ob der durchschnittliche Verkaufspreis von geschäftlichen verbundenen Parteien geringer war, als der durchschnittliche Verkaufspreis für alle nicht verbundenen Parteien. War ersterer über 0,5% niedriger, dann wurden die Verkäufe an die verbundenen Parteien automatisch von der Berechnung des Normalwertes ausgeschlossen.[149]

Der WTO-Panel hielt diesen Test wegen seiner Einseitigkeit für unangemessen und mithin für eine nicht gerechtfertigte Interpretation des WTO-ADÜ. Dies begründete der Panel damit, dass der U.S.-DOC 99,5-Test lediglich prüfe, ob die Durchschnittspreise für geschäftlich verbundene Parteien *geringer* sind, als die durchschnittlichen Preise für nicht verbundene Parteien. Damit behandele der Panel ausschließlich die Unter-Preis-Verkäufe an verbundene Parteien als nicht im normalen Handelsverkehr getätigt. Andererseits würden vergleichsweise erhöhte Preise nicht vom DOC geprüft und damit automatisch als im normalen Handelsverkehr getätigt angesehen. Der Panel bewertete die Anwendung des 99,5%-Test ergebnisorientiert[150]:

> *„Folge der Anwendung des [neuen] arms's length-test ist der Ausschluss der Unter-Kosten-Preise von der Berechnung des Normalwertes. Im Ergebnis führt die Anwendung des [neuen] arm's length-Test zu einem Hochschrauben des Normalwertes, wobei er ein Festellen von Dumping [...] wahrscheinlicher macht.*“[151]

Auch der angerufene Appellate Body (AB) bestätigte die Schlussfolgerung des Panels, wenn auch aus zum Teil anderen Gründen:
„Die untersuchenden Behörden müssen alle Verkäufe von der Berechnung des Normalwertes ausschließen, welche nicht im normalen Handelsverkehr getätigt wurden. Solche Kosten in die Berechnung einzuschließen, egal ob der Preis hoch oder niedrig ist, würde das Verzerren, was als 'Normalwert' definiert wird.

> *„[...]Auch wenn [...] das WTO-ADÜ den WTO-Mitgliedern [bei der Bestimmung des Normalwertes] Ermessen einräumt, [...] ist dieses Ermessen nicht grenzenlos. Im Einzelnen muss das Ermessen in einer unparteiischen Weise, die fair für alle*

---

[149] Vermulst, The WTO Anti-Dumping Agreement, S. 24.
[150] Vermulst, The WTO Anti-Dumping Agreement, S. 24.
[151] *United-States-Hot Rolled Steel from Japan,* (siehe Fn. 149), WTO-Panel, Rn. 7.112 (eigene Übersetzung).

von einer Anti-Dumping-Untersuchung betroffenen Parteien ist, ausgeübt werden. Entschließt sich ein Mitglied dazu, generelle Regelungen zur Verhinderung einer Verzerrung des Normalwertes durch Verkäufe zwischen verbundenen Parteien zu erlassen, dann müssen diese Regelungen gerechterweise die Tatsache reflektieren, dass sowohl hohe als auch niedrige Verkaufspreise zwischen verbundenen Parteien nicht „im normalen Handelsverkehr" liegen können."[152]

Damit also verwarfen sowohl der WTO-Panel als auch der Appellate Body den 99,5%-Test aufgrund seiner Einseitigkeit und Unausgewogenheit.[153]

(b) Der neue „*arm's-length*"-Test

Aus diesem Grund entwickelte das DOC einen neuen „*arm's-length*"-Test. Dieser Test beinhaltet einen Vergleich des durchschnittlichen Netto-Verkaufspreises per Produkt an alle unverbundenen Abnehmer. Dabei wird eine Quote ausgerechnet, bei der der durchschnittliche Nettopreis für verbundene Parteien im Zähler und der durchschnittliche Nettopreis desselben Produkts für nicht verbundene Parteien im Nenner steht. Dann wird eine gleiche Quote für jede einzelne Kombination von verbundenem Käufer und Produkt berechnet.[154] Schließlich wird eine gewichtete Durchschnittsquote für jede geschäftliche Verbindung berechnet. Wenn diese Quote nicht niedriger als 98% und nicht höher als 102% ist, dann sind die Verkaufspreise selbst zuverlässig („*at arm's-length*"), also nicht durch eine geschäftliche Verbindung oder Ausgleichsvereinbarung beeinflusst. Andernfalls werden alle Verkäufe innerhalb dieser geschäftlichen Verbindung bei der Berechnung des Normalwertes ausgeschlossen.[155]

(3) Definition „verbundene Parteien"

Der Begriff der „verbundenen Parteien" wird in der EU und den USA identisch definiert, sodass eine gemeinsame Darstellung erfolgen kann.

---

[152] *United States-Hot Rolled Steel from Japan,* United States Anti-dumping measures on certain hot-rolled steel products from Japan, WT/DS184/AB/R of 24 July 2001, Appellate Body, Rn. 141-148, (Übersetzung d. Verfassers).

[153] Durling, Deference, But Only When Due: WTO Review of Anti-Dumping Measures, in: Journal of International Economic Law, 6, 2003, S. 125 (135); Vermulst, The WTO Anti-Dumping Agreement, S. 25.

[154] Lindsey/Ikenson, Antidumping Exposed, S. 12.

[155] Lindsey/Ikenson, Antidumping Exposed, S. 12.

Sowohl in den USA als auch in der EU gelten Parteien jedenfalls dann als verbunden, wenn eine Partei von der anderen „kontrolliert“ wird.[156]
Eine solche Kontrolle, d.h. eine Verbindung im engeren Sinne muss aber nicht zwingend vorliegen. Die Zuverlässigkeit und Verwertbarkeit von Preisdaten kann schon bei schwächeren Bindungen, wie z.B. Anteilseigentum in Frage gestellt sein.[157]
Die Definition der „verbundenen Parteien“, wie sie im *„DOC standard antidumping questionnaire“* vorgeschlagen ist, lautet folgendermaßen:

> *„Verbundene Parteien können sein (1) Familienmitglieder, (2) Leiter eines Geschäftsbetriebs der auch der anderen Partei angehört, (3) Partner, (4) Arbeitnehmer und ihre Arbeitgeber und (5) jede Person oder Organisation, die direkt oder indirekt 5% oder mehr Stimmrechte oder Gesellschaftsanteile hält, besitzt oder kontrolliert.*
> *Zusätzlich dazu auch jede Person, die eine andere Person kontrolliert, oder (7) andere zwei oder mehr Personen, die direkt kontrollieren oder beide von ihnen mittelbar oder unmittelbar von einer dritten Person kontrolliert werden.“*

Nahezu identische Kriterien finden sich auch in der EU in den bzgl. der Problematik der Zollwertfeststellung aufgestellten Bestimmungen.[158] Diese können sicherlich Anhaltspunkte bieten.[159]

(a) Verlustverkäufe

Wird ein Teil der Verkäufe unter den Durchschnittskosten getätigt, handelt es sich um sog. Verlustverkäufe *((„Be-)Low Costs“).*[160]
Diese gelten als nicht im normalen Handelsverkehr (*„Ordinary Course of Trade“)* getätigt, wenn sie während eines längeren Zeitraums[161] in erheblichen

156 EU: Art. 4 II AD-GVO; USA: 19 U.S.C. § 1677 (4)(B)(i), Def.:„Control exists where one person is legally or operationally in a position to exercise restraint or direction over the other person“(section 771(33) of the Trade Tariff Act.).
157 Weigl, in: Grabitz/Hilf, E 6, Art. 2 Rn. 3.
158 Art. 143 Abs. 1 VO (EG) Nr. 2454/93, ABl. 1994 Nr. L 253/1, *Durchführungsbestimmungen zum Zollkodex.*
159 Weigl, in: Grabitz/Hilf, E 6, Art. 2 Rn. 86.
160 Weigl, in: Grabitz/Hilf E 6, Art. 2, Rn. 91; Li, Anti-Dumping Law of the WTO/GATT and the EC, S. 96.
161 Der Zeitraum ist normalerweise auf ein Jahr festgelegt, aber zumindest länger als 6 Monate (Pachmann, Das Verhältnis von Antidumping zum internationalen

Mengen vorgenommen werden und ihre Preishöhe über einen angemessenen Zeitraum hinweg nicht die Deckung aller Kosten ermöglicht.[162] An dieser Stelle ist es wichtig zu betonen, dass das WTO-ADÜ den Mitgliedstaaten *nicht vorschreibt*, Verlustverkäufe unter vorgenannten Bedingungen als nicht im normalen Handelsverkehr getätigt anzusehen. Art. 2.2.1 WTO-ADÜ *schlägt* lediglich *vor*, dass solche Kosten als „nicht im normalen Handelsverkehr getätigt" behandelt werden *können.*[163]

(b) Die Entwicklung des *„Ordinary-Course-of-Trade"*-Tests für Verlustverkäufe

Bereits Anfang der 1970er-Jahre haben die Hauptanwender des Antidumpinginstruments Auslegungen des Art. VI GATT 47 entwickelt, mit denen Unter-Kosten-Verkäufe, die über einen längeren Zeitraum und zu erheblichen Mengen getätigt wurden, als nicht im normalen Handelsverkehr getätigt angesehen werden konnten. Hintergrund war, dass kein Hersteller dauerhaft im Geschäft bleiben kann, wenn er nur Verluste macht.[164]

Doch trotz der frühen Problematisierung der Unter-Kosten-Verkäufe wurde der *„ordinary-course-of-trade"*-Test erst mit den Verhandlungen der Uruguay-Runde in seiner Gegenwärtigen Gestalt in das WTO-ADÜ aufgenommen.[165]

Die Behandlung von Unter-Kosten-Verkäufen war in den Verhandlungen der Uruguay-Runde eine der meist umstrittensten Fragen, wobei im Zentrum der Diskussionen die Begriffe „erhebliche Mengen", „längerer Zeitraum und besonders „angemessener Zeitraum" standen. Hauptanliegen der USA und EU als Meistanwender des Antidumpinginstruments war es, klare Regelungen anhand von überprüfbaren Daten festzusetzen. Dagegen war es Ziel der maßgeblichen Ausfuhrländer, eine größtmögliche Berücksichtigung von Unter-Kosten-Verkäufen bei der Normalwertermittlung zu erreichen. Art. 2.2.1 WTO-ADÜ enthält nunmehr die ersten multinationalen Regelungen für die Behandlung von Verlustverkäufen.[166]

Wettbewerbsrecht, S. 61, Fn. 258; Park, Regelung und Praxis des Antidumpingrechts, S. 103 Fn. 446).

162 Vgl.: Art. 2.2.1 WTO-ADÜ.

163 Vermulst, The WTO Anti-Dumping Agreement, S.21.

164 Weigl, in: Grabitz/hilf, E 6, Art. 2, Rn. 91.

165 Art. 2 Abs. 3 i.V.m. Abs. 4 AD-GVO.

166 Weigel, in: Grabitz/Hilf, E 6, Art. 2, Rn. 93 f.

(c) Die Umsetzung und Anwendung des „*Ordinary-Course-of-Trade*"-Tests für Verluste in der EU

Im Europäischen Gemeinschaftsrecht findet der „*Ordinary-Course-of-Trade*"-Test Umsetzung in Art. 2 Abs. 4 AD-GVO (VO (EG) Nr. 384/96). Danach können Verkäufe der gleichartigen Ware bei der Bestimmung des Normalwertes aus preislichen Gründen nur dann unberücksichtigt bleiben, wenn festgestellt wird, dass diese Verkäufe während eines längeren Zeitraums in erheblichen Mengen und zu Preisen getätigt werden, die während eines angemessenen Zeitraums nicht die Deckung aller Kosten ermöglichen.[167]
Die EU hat den Art. 2.2.1 WTO-ADÜ fast wörtlich in ihr Antidumpingrecht übernommen. Wiederkehrende Kostenelemente wie „*start-up*"-Kosten werden über einen längeren Zeitraum verteilt, da sich durch das niedrigere Produktionsvolumen am Anfang der Produktionsphase die Stückkosten erhöhen.[168]
In Art. 2 Abs. 4 UAbs. 3 HS 2 AD-GVO sind zwei Tests geregelt, anhand derer festgestellt werden kann, ob Verlustverkäufe in erheblichen Mengen während eines längeren Zeitraums getätigt werden. Die jeweiligen Stückkosten bilden den Maßstab für beide Tests und sind nach Art. 2 Abs. 4 UAbs. 1 HS 1 und UAbs. 2 AD-GVO zu bestimmen.[169]

(aa) Globaltest

Bei dem Globaltest werden die durchschnittlichen Verkaufspreise pro Einheit mit den durchschnittlichen Vollkosten je Einheit (fixe und variable Stückkosten, zuzüglich der Vertriebs-, Verwaltungs- und Gemeinkosten: „VVG-Kosten) verglichen.[170]
Werden die während eines längeren Zeitraums getätigten Verkäufe als erheblich eingestuft, so sind diese sämtlich als nicht im normalen Handelsverkehr getätigt anzusehen. Insoweit ist der Normalwert auf einer anderen Grundlage zu bestimmen.[171]

---

167 Li, Antidumping Law of the WTO/GATT and the EC, S. 102.
168 Park, Regelung und Praxis des Antidumpingrechts, S. 103.
169 Stanbrook/Bentley, Dumping and Subsidies, S. 34.
170 Art. 2 Abs. 4 UAbs. 3 HS. 2, 1. Alt. AD-GVO.
171 Weigel, in: Grabitz/Hilf, E 6, Art. 2, Rn. 97; Stanbrook/Bentley, Dumping and Subsidies, S. 34 f.

(bb) Transaktionstest

Der Transaktionstest sieht einen Vergleich der Verkaufspreise je Verkaufsvorgang und Einheit mit den durchschnittlichen Vollkosten je Einheit vor. Dadurch soll für jedes Modell oder für jeden Typ der gleichartigen Ware das Volumen der Verkäufe, die zu Preisen unter Vollkosten erfolgen, festgestellt werden.[172]

Bei diesem Test ergibt sich eine gestufte Rechtsfolge in Anhängigkeit des relativen Anteils der Verlustverkäufe an den gesamten Verkäufen der gleichartigen Ware bzw. einzelner Warenmodelle oder –typen (sog. 20/90 Regel)[173]: Ergeben die Verlustverkäufe insgesamt weniger als 20% der verkauften Menge des betreffenden Modells, so werden alle Verkäufe, einschließlich der Verlustverkäufe, berücksichtigt. Der Normalwert für das betreffende Modell kann dann auf die dabei erzielten Preise gestützt werden. Wenn die Verlustverkäufe 20% oder mehr betragen, aber nicht 90% der verkauften Menge des betreffenden Modells übersteigen, dann werden die verlustbringenden Verkäufe nicht berücksichtigt. Der Normalwert wird dann ausschließlich auf die Preise der verbleibenden Verkaufsvorgänge gestützt.[174]

Erst dann, wenn die Verlustverkäufe mehr als 90% betragen, werden sämtliche Verkäufe des betreffenden Modells ausgeschlossen, sodass für die Berechnung des Normalwerts eine andere Grundlage herangezogen werden muss.[175]

Der Transaktionstest wird von den Gemeinschaftsorganen in der Praxis am häufigsten angewandt.[176]

(d) Die Umsetzung des „*Ordinary-Course-of-Trade*"-Tests für Verluste in den USA

Der *„Ordinary-Course-of-Trade"* ist in den USA in 19 U.S.C. § 1677 b (b)(1)(B) und (C) geregelt. Um zu prüfen, ob Verlustverkäufe außerhalb des normalen Handelsverkehrs liegen, benutzt das DOC den sog. *„Cost-Test"*. Zweck dieses Tests ist es, Heimatmarkt-Preise, die unter den Produktionskosten

---

172 Art. 2 Abs. 4 UAbs. 3 HS 2, 2. Alt. AD-GVO.

173 Stanbrook/Bentley, Dumping and Subsidies, S. 35.

174 Art. 2 Abs. 3 i.V.m. Abs. 4 UAbs. 3 HS 2, 2. Alt. AD-GVO; vgl. Stanbrook/Bentley, Dumping and Subsidies, S. 35 f.

175 Art. 2 Abs. 3 AD-GVO.

176 Weigl, in: Grabitz/Hilf, E 6 Art. 2, Rn. 98.

liegen, von der Berechnung des Normalwertes auszuschließen. Der *„Cost-Test“* wird auf der Stufe des sog. CONNUM gemessen.[177]
Der CONNUM ist ein vom DOC entwickelter Produktcode (Kontrollnummer), welcher die relevanten Charakteristika des Produktes wiedergibt.[178]
Dabei wird der Verkaufspreis auf jedem Heimatmarkt-Verkauf verglichen mit den vollen Produktionskosten des in dem jeweiligen Geschäft verkauften CONNUM. Nachdem jegliche Veräußerung auf diese Weise geprüft wird, erstellt das DOC für jedes CONNUM eine Zusammenfassung.[179]
Sind 80% oder mehr der Gesamtmenge der Verkäufe eines spezifischen CONNUM zu Netto-Preisen zu oder über den vollen Kosten der Produktion getätigt, dann werden alle Verkäufe dieses CONNUM als den Test bestanden angesehen. Folglich werden alle diese Verkäufe zur Bestimmung des Normalwertes herangezogen. Werden dagegen weniger als 80% der Verkäufe eines bestimmten CONNUM zu Netto-Preisen zu oder über den Produktionskosten getätigt, dann gelten alle Preise als ‚nicht bestanden‘ und werden von der Berechnung ausgenommen.[180]

(e) Bewertung

Gerade in den nationalen Antidumpingvorschriften spielt der Verkauf unter Stückkosten eine immer größere Rolle. Sogar bei einem identischen Preis in zwei Märkten können Unternehmen des Dumpings überführt werden, da ein Vergleich der beiden Märkte nicht erforderlich ist. Weder in der EU noch in den USA ist die ermittelnde Behörde gezwungen, alle Verkaufpreise im Ausfuhrland zur Normalwertbestimmung heranzuziehen. Ab einer Schwelle von 20% Verlustverkäufen, können die Behörden entweder auf den berechneten Normalwert ausweichen oder ausschließlich die Preise in die Normalwertbestimmung einrechnen, die oberhalb der Herstellungskosten liegen.[181]
In den USA hat der Aspekt des Dumpings durch Verlustverkäufe eine überragende Stellung eingenommen. Fast 60% aller Antidumpingvorwürfe in

---

177 Lindsey/Ikenson, Antidumping Exposed, S. 12.
178 Lindsey/Ikenson, Antidumping Exposed, S. 7.
179 Lindsey/Ikenson, Antidumping Exposed, S. 12.
180 Lindsey/Ikenson, Antidumping Exposed, S. 12 f.
181 Park, Regelung und Praxis des Antidumpingrechts, S. 105 f.

den achtziger bis neunziger Jahren basierten auf dem Vorwurf des Verkaufs unter Produktionskosten.[182]
Insgesamt wurde in über 93% aller untersuchten Dumping-Fälle in den USA ein Vorliegen von Dumping bejaht.[183] Dies ist nicht zuletzt auf die damalige willkürliche Methode, den *durchschnittlichen* Normalpreis mit den *einzelnen* Exportpreisen zu vergleichen, zurückzuführen.[184]

Der Zeitraum von sechs Monaten bis zu einem Jahr ist bei vielen Produktionsgütern mit einer langen Forschungs- und Entwicklungsphase äußerst kurz bemessen. Wichtig für die Bewertung muss sein, dass letztlich die gesamten Kosten eingeholt werden können, wofür die Unternehmensstrategie und das Produkt entscheidend ist. Dies berücksichtigt das Antidumpingrecht nicht, wenn es für einen bestimmten Zeitraum den Ausgleich der Kosten und des Gewinns fordert.[185]
Auch darüber hinaus ist die insgesamt sehr formale Anwendung des *„ordinary-course-of-trade"*-Tests nicht unbedenklich. So ist vor allem hinsichtlich der mengenmäßigen Schwellen die mechanische Prüfung von Verlustverkäufen geeignet, den Normalwert künstlich zu erhöhen und damit eine Feststellung von Dumping zu erleichtern. Andererseits trägt die detaillierte Regelung des *„ordinary-course-of-trade"*-Tests zu höherer Rechtssicherheit und Vorhersehbarkeit der Dumpingberechnung bei.[186]

Allerdings ist zu betonen, dass sobald der Exporteur auf seinem Heimatmarkt mindestens einen Verkauf unter den Durchschnittskosten durchführt, der Normalwert über dem Durchschnittspreis liegt. In den USA ist es übliche Praxis, in solch einem Fall nur die Preise zur Normalwertbestimmung heranzuziehen, die oberhalb der Herstellungskosten liegen.[187] Dies ist nicht unproblematisch, da diese Methode zu einer Verzerrung der

---

182 Park, Regelung und Praxis des Antidumpingrechts, S. 104.
183 Pachmann, Das Verhältnis von Antidumping zum internationalen Wettbewerbsrecht, S. 62 f.
184 Pachmann, Das, Verhältnis von Antidumping zum internationalen Wettbewerbsrecht, S. 62 f.
185 Park, Regelung und Praxis des Antidumpingrechts, S. 105.
186 Weigl, in: Grabitz/Hilf, E 6, Art. 2, Rn. 118.
187 CBO Study, How the GATT Effects U.S.-Antidumping and Countervailing-Duty Policy, 1994, S. 33.

Dumpinguntersuchungen zugunsten ausländischer Hersteller führt[188] und Dumping errechnet werden kann, wo es de facto nicht vorliegt.[189]
Die untersuchenden Behörden sind demnach in der Lage, durch eine gezielte Auswahl der Verkaufspreise im Ausfuhrland einen Dumpingtatbestand künstlich zu schaffen.[190]
Eine WTO-Regelung, die vorschreibt, dass bei der Berechnung des Durchschnittspreises alle Preise einbezogen werden, und darüber hinaus den ausländischen Produzenten erlaubt, die Hälfte der Vergleichspreise in die Kalkulation einzubringen, würde eine solche Benachteiligung verhindern.[191]

bb) konstruierter Preis

Häufig besteht kein Vergleichswert für das bestimmte Produkt im Ausland, da viele Exporteure fast ausschließlich für den ausländischen Markt produzieren oder nur spezielle Produkte im Ausland verkaufen. In solch einem Fall muss ein Verkaufswert konstruiert werden, wobei gleichzeitig geprüft wird, ob dieser über den Produktionskosten liegt.[192]
Im Fall der rechnerischen Ermittlung des Preises schätzt die ermittelnde Behörde in allen Fällen die gesamten Durchschnittskosten, um sie mit den Preisen zu vergleichen. Dadurch stellt sie fest, in welchem Umfang Verkäufe unter den Durchschnittskosten stattfanden.
Es können zur Vereinfachung auch Werte nach dem WTO-ADÜ[193] des unersuchten Herstellers verwendet werden, die bei der Herstellung angefallen sind und bei dem Verkauf gleichartiger Waren im normalen Handelsverkehr tatsächlich erzielt wurden. Auch in Bezug auf Verwaltungs-, Vertriebs- und

---

188 Conrad, Antidumping nach der Uruguay-Runde, in: List Forum für Wirtschafts- und Finanzpolitik, 24, 1999, S. 2210 (2211); Pachmann, Das Verhältnis von Antidumping zum internationalen Wettbewerbsrecht, S. 61.

189 CBO Study, How the GATT Effects U.S.-Antidumping and Countervailing-Duty Policy, 1994, S. 33; Conrad, Balancing the GATT Antidumping Code, in: World Competition 1999; Pachmann, Das Verhältnis von Antidumping zum internationalen Wettbewerbsrecht, S. 61.

190 Pachmann, Das Verhältnis von Antidumping zum internationalen Wettbewerbsrecht, S. 61 f.

191 Pachmann, Das Verhältnis von Antidumping zum internationalen Wettbewerbsrecht, S. 62.

192 Düker, Rechtsschutz gegen Antidumpingmaßnahmen der Europäischen Gemeinschaft, S. 54.

193 Art. 2.2.2 WTO-ADÜ.

sonstige Gemeinkosten sowie einen angemessenen Gewinn, können die Behörden die jeweiligen Werte errechnen, wenn vergleichbare Zahlen fehlen oder keine Veräußerungen getätigt wurden.[194]
Für die Kosten und Gewinnspanne sind in Art. 2.2.2 WTO-ADÜ drei Berechnungsmöglichkeiten vorgesehen.

Möglich ist zunächst die Berechnung anhand der Aufwendungen des untersuchten Unternehmens bei der Produktion und dem Verkauf gleichartiger Waren auf dem Inlandsmarkt des Herkunftslandes. Weiter kann die Berechnung anhand der durchschnittlichen Kostenstruktur der anderen untersuchten Hersteller oder Ausführer derselben Warengruppe auf dem Inlandsmarkt des Herkunftslandes erfolgen. Darüber hinaus besteht die Möglichkeit, eine andere angemessene Grundlage („*facts available*“[195]) zur Berechnung heranzuziehen, soweit die Beträge nicht höher ausfallen als die Gewinne der anderen Hersteller oder Exporteure der gleichen Warengruppe auf dem Inlandmarkt des Herkunftslandes.[196]

(1) Vertriebs-, Verwaltungs- und Gemeinkosten sowie Gewinne

Die praktische Bedeutung beider Elemente für das Ergebnis der Dumpingermittlung ist erheblich und liegt darin, dass jede Erhöhung oder Senkung der VVG-Kosten oder der Gewinnspanne eine direkte Erhöhung oder Senkung der Dumpingspanne um den entsprechenden Betrag bedeutet. Dies erklärt auch die Sensibilität nicht nur der beteiligten Parteien, sondern auch der Verhandlungsparteien in der Uruguay-Runde vor allem hinsichtlich der Frage der Geeignetheit und Verwendung der aktuellen Daten des betreffenden Ausführers bzw. der Wahl der geeigneten Surrogate.[197]

---

194 Weigl, in: Grabitz/Hilf, E 6, Art. 2 Rn. 140; von Baum, Das Antidumping-Verfahren in den USA, ZfZ. S. 233 (234).

195 Auch bezeichnet als „best information available“ (Lindsen, The US-Antidumping Law, in: JWT, 34, 2000, S. 1 (7 Fn. 17)).

196 Diese Methode ist üblich in Fällen bzgl. Nichtmitgliedstaaten. In diesen Fällen wird eine Hersteller-spezifische Dumpingmarge für die betreffenden Firmen sowie eine landesweite Rate für andere Produzenten und Exporteure berechnet. Diese landesweiten Beträge basieren i.d.R. auf einer „anderen angemessenen Grundlage“ bzw. „other facts available“, (Lindsen, The US-Antidumping Law, in: JWT, 34, 2000, S. 1 (7 Fn. 18)).

197 Weigl, in Grabitz/Hilf, E 6, Art. 2, Rn. 195.

In der Uruguay-Runde wurde der Art. 2.2 WTO-ADÜ durch den neuen Art. 2.2.2 WTO-ADÜ ersetzt. Dieser sieht abschließend vier Methoden zur Bestimmung der VVG-Kosten und Gewinne vor:

[Aktuelle Daten bezüglich der Produktion und der Verkäufe im normalen Handelsverkehr des gleichartigen Produkts des betreffenden Exporteurs, oder, wenn dies nicht möglich ist:]
die aktuellen Werte, realisiert vom betreffenden Produzenten oder Exporteur der selben Warengruppe, unter Berücksichtigung der Produktion und Verkäufe auf dem Gemeinschaftsmarkt des Herstellungslandes,
der gemessene Durchschnitt der aktuellen Summe, realisiert durch andere Exporteure und Hersteller unter Berücksichtigung der Produktion und Verkäufe des gleichartigen Produkts im Gemeinschaftsmarkt des Herkunftslandes,
Berechnung anhand der durchschnittlichen Kostenstruktur der anderen untersuchten Hersteller oder Ausführer derselben Warengruppe auf dem Inlandsmarkt des Herkunftslandes,
jede andere Berechnungsmethode, soweit die Beträge nicht höher ausfallen als die Gewinne, die normalerweise von anderen Exporteuren und Produzenten beim Verkauf von Produkten der gleichen generellen Warenkategorie auf dem Markt des Herkunftslandes realisiert werden.[198]

Für die Bestimmung der VVG-Kosten (*„SG&A-costs“: „selling, generell & administration costs“)* können Angaben von gleichartigen Produkten („*like product*“) des Herstellers (gelockerter Warebegriff) herangezogen werden, oder es werden die Kosten eines Mitbewerbers (gelockerter Herstellerbegriff) auf dem Inlandsmarkt berücksichtigt.[199]
Wenn der Hersteller nicht im Inland verkauft, dann ist als Vergleichszahl die die Gewinnspanne der Mitbewerber heranzuziehen. Die Verwaltungskosten und der Profit sollen dann aus den Erfahrungswerten der untersuchten Unternehmen berechnet werden.[200]
Ebenso soll für die Berechnung eines angemessenen Gewinns der Gewinn für gleichartige Produkte oder vergleichbare Modelle herangezogen werden. Der Begriff *„like product“* ist strenger auszulegen als *„similar product“*, sodass die

198 Darstellung von Vermulst, The WTO Anti-dumping Agreement, S. 37.
199 Weigl, in: Grabitz/Hilf, E 6, Art. 2, Rn. 206-231.
200 Park, Regelung und Praxis des Antidumpingrechts, S. 87.

physikalischen Eigenschaften des Produkts übereinstimmen müssen. Alleine die Funktion reicht nicht aus.[201]
Verkauft der Hersteller nicht im Inland, so ist Gewinnspanne der Mitbewerber als Vergleichszahl heranzuziehen. Da weder der vorherige, noch die geltenden WTO-ADÜ vorgibt, wie die Profitmarge zu bestimmen ist, ist eine willkürliche Bestimmung grundsätzlich möglich.[202]

(a) Umsetzung in der EU

Die EU zog früher bei dem konstruierten Preis für die Berechnung des Gewinns grundsätzlich den durchschnittlichen Profit in der betreffenden Industriesparte heran. Die Europäische Kommission hat allerdings von dieser Praxis Abstand genommen. Sie versucht seither die Profitmarge für jeden Produzenten auf der Basis des individuellen Profitdurchschnittes zu ermitteln.[203]
Dabei untersucht sie die Profitabilität jedes einzelnen Produkts für den Unternehmensdurchschnitt, wobei Waren ohne Gewinn bei der Berechnung keine Berücksichtigung finden.[204] Durch die Neuregelung des Art. 2.2.2 des WTO-ADÜ ist diese Berechnungsweise zulässig. Allerdings ist diese Vorschrift nicht unproblematisch: Oftmals wird eine höhere Dumpingmarge errechnet, als tatsächlich vorliegt, da im Zweifelsfall immer die Berechnungsmethode gewählt werden kann, welche den höchsten Profit ergibt.[205] Diese Regelung wurde auf Bestreben der EU in das WTO-ADÜ integriert, wodurch die Berechnungsweise der EU WTO-konform geworden ist.[206]
Seither wurde an dieser Regelung vielerseits harsche Kritik[207] geübt, da sie es möglich macht, übertriebene Gewinne zu errechnen und damit künstlich die Dumpingspanne zu erhöhen. Die Kostenermittlung für die Herstellung eines hoch differenzierten Produkts durch ein international operierendes

201 Pachmann, Das Verhältnis von Antidumping zum internationalen Wettbewerbsrecht, S. 65; Park, Regelung und Praxis des Antidumpingrechts, S. 86.
202 Pachmann, Das Verhältnis von Antidumping zum internationalen Wettbewerbsrecht, S. 67; Park, Regelung und Praxis des Antidumpingrechts, S. 86.
203 van Bael, EEC Anti-Dumping and Procedure Revisited, in: JWT, 24, 1990, S. 5 (11); Stanbrook/Bentley, Dumping and Subsidies, S. 41.
204 Li, Anti-Dumping Law of the WTO/GATT and the EC, S. 128.
205 Pachmann, Das Verhältnis von Antidumping zum internationalen Wettbewerbsrecht, S. 69 f.; Park, Regelung und Praxis des Antidumpingrechts, S. 87.
206 Park, Regelung und Praxis des Antidumpingrechts, S. 87.
207 Horlick/Shea, The World Trade Organization Antidumping Agreement, in: JWT, 29, 1995 S. 5 (5, 26).

Mehrprodukteunternehmen kann nicht durch Antidumpingbehörden objektiv berechnet werden.[208]

In Anbetracht dieser Vielzahl von Faktoren, Berichtigungen und Pauschalwerten, die einer solchen Berechnung zugrunde liegen, sind die Möglichkeiten zur Manipulation nahezu unbegrenzt, da ein Auslandsunternehmen möglicherweise in einem für Europäer nicht unmittelbar einsehbaren volkswirtschaftlichen, sozialen und kulturellen Umfeld arbeitet. In solch einem Fall muss die Kommission zwangsläufig mit Nährwerten arbeiten.[209]

(b) Umsetzung in den USA

In den USA wurden die VVG-Kosten und der Gewinn früher ohne Einzelfallberücksichtigung gesetzlich festgelegt, indem eine generelle Schwelle von 8% für den Profit und 10% für die Produktionskosten angesetzt wurde.[210] Dadurch wurde der rechnerisch ermittelte Preis auch in Industriebereichen mit tatsächlich niedrigeren Gewinnen durch eine im Vergleich unverhältnismäßig hohe Gewinnvermutung künstlich in die Höhe getrieben.[211]

Die festgelegten Prozent-Schwellen wurden leicht erreicht, sodass ein Dumping unproblematisch nachgewiesen werden konnte. Darüber hinaus wurde effizientere ausländische Konkurrenz gegenüber den amerikanischen Unternehmen durch den konstruierten Preis benachteiligt.[212] Bereits in der Tokyo-Runde wurde die amerikanische Schwellensetzung heftig kritisiert. Der Tokyo-Round-Kodex schlug einen angemessenen Betrag vor, der auf der Basis der Waren auf dem heimischen Markt berechnet werden sollte. Nicht ersichtlich war, warum gerade die festgelegten Schwellen für Gewinne angemessen sein sollten, niedrigere Gewinne dagegen unfair.[213] Das neue WTO-ADÜ setzt eine

208 Pachmann, Das Verhältnis von Antidumping zum internationalen Wettbewerbsrecht, S. 69.

209 Didier, WTO Trade Instruments in EU Law, S. 76.

210 USA: 19 U.S.C. 1677 b (e)(1)(B)(i) und (ii) Sec. 106 Pub. L. 96-36 (vom 01. Januar 1980).

211 Park, Regelung und Praxis des Antidumpingrechts, S. 89.

212 Stahl, Problems with the United States Anti-Dumping Law: The Case for Reform of the Constructed Value Methodology, in: Int'l Tax and Business Lawyer, 11, 1993, S. 1 (1, 13).

213 Park, Regelung und Praxis im Antidumpingrecht, S. 89 f.

Berechnung der VVG-Kosten und Profite auf den Erfahrungswerten der untersuchten Unternehmen voraus.[214]

Die USA haben diese Bestimmungen umgesetzt und das Gesetz mit der internationalen Vereinbarung in Einklang gebracht.[215]
Die Verwaltungskosten sowie der Gewinn werden jetzt mittels Daten der untersuchten Unternehmen berechnet. Sollte dies nicht möglich sein, dann werden Daten von anderen Herstellern der gleichen Produktkategorie oder von anderen U.S.-Exporteuren zur Berechnung herangezogen. Aus den entstehenden Kosten in den USA zusammen mit den Gesamtkosten im Ursprungsland wird der U.S.-Profit beim konstruierten Exportpreis berechnet. Zum Zeitpunkt der Umsetzung dieser Regelung kannte der amerikanische Gesetzgeber die Tatsache, dass durch die Konstruktion des Normalwertes die ausländischen Unternehmen des Dumping überführt werden können, auch wenn sie nicht die Absicht und den Vorsatz hatten, gegen das U.S.-Handelsrecht zu verstoßen.[216]
Somit kann auch wenn zwei Produkte auf zwei Märkten durchgängig zum selben Verkaufspreis angeboten werden, Dumping alleine aufgrund von Kaufpreisschwankungen und veränderter Nachfrage künstlich festgestellt werden.[217]
So verhält es sich z.B., wenn ein ausländischer Produzent seine Ware auf allen Märkten für denselben Preis anbietet, dieser in der ersten Jahreshälfte 200 $ beträgt, in der zweiten Jahreshälfte aber aus marktwirtschaftlichen Gründen auf 100 $ sinkt. Dabei ist die Nachfrage auf dem U.S.-Markt zwar durchgängig geringer als auf dem Heimatmarkt, doch wird in der zweiten Jahreshälfte auf dem amerikanischen Markt durch verstärkten Kauf reagiert. Folge ist, dass der Durchschnittspreis in den USA 133 $ beträgt, auf dem konstanten Heimatmarkt aber nur bei 145 $ liegt. Bei einem Vergleich dieser beiden Durchschnittswerte, erhält man eine Dumpingmarge i.H.v. 9,09%, obgleich das Produkt auf beiden Märkten zum gleichen Preis angeboten wurde.[218]

---

214 Art. 2.2.2 WTO-ADÜ.
215 19 U.S.C. § 1677 b (e).
216 Pachmann, Das Verhältnis von Antidumping zum internationalen Wettbewerbsrecht, S. 67.
217 Park, Regelung und Praxis des Antidumpingrechts, S. 88.
218 Beispiel entnommen von Pachmann, Das Verhältnis von Antidumping zum internationalen Wettbewerbsrecht, S. 67 f.

Dem Hersteller kann also ein Dumping angelastet werden, ohne dass er sich unfair verhalten hat.

(2) Staatshandelsländer

Ohne Weiteres lassen sich die Antidumpingregelungen nicht auf Exporte aus Ländern ohne Marktwirtschaft (Staatshandelsländer/*"Non-Market-Economy: NME"*) anwenden, da die übliche Methode von Antidumping auf diesem Gebiet versagt.[219]
Dies resultiert aus der Tatsache, dass die Preise in solchen Ländern durch den Staat festgesetzt werden und dabei nicht unbedingt von marktwirtschaftlichen Überlegungen motiviert werden. Die festgelegten Preise sind also in NME-Staaten nicht das Ergebnis normaler Marktverhältnisse, weshalb bei Einfuhren aus solchen Ländern der Normalwert anhand der Preise ermittelt wird, zu denen eine gleichartige Ware in einem ausgesuchten Drittland mit Marktwirtschaft bzw. aus diesem Land bzw. in andere Länder oder in die Gemeinschaft verkauft wird.[220]
In dem WTO-ADÜ ist zwar keine ausdrückliche Bestimmung diesbezüglich enthalten, doch gibt es in allen nationalen Antidumpingvorschriften eine Regelung, die den Verkauf von Waren in NME-Staaten als nicht im normalen Handelsverkehr getätigt, bewertet. Begründet wird diese Vorschrift damit, dass der verlangte niedrige Preis nicht auf der höheren Produktivität des Produzenten basiert. Vielmehr ermöglichen die erhöhten Gewinne, die das Unternehmen wegen seiner Monopolstellung des auf dem geschützten Markt des Ursprungslandes einfahren konnte, die niedrigen Preise.[221]

(a) Regelungen in der EU

Die Sonderregelungen der EG gelten für alle „Länder ohne Marktwirtschaft". Der Begriff „Land ohne Marktwirtschaft" wird genauso ausgelegt, wie der Begriff „Staatshandelsland", was durch die Verweisungen der VO (EG) Nr. 519/94 auf ihre Vorgängerverordnungen Nr. 1765/82 und Nr. 1766/82

---

219 Nettesheim, Ziele des Antidumping- und Antisubventionsrechts, S. 113; Düker, Rechtsschutz gegen Antidumpingmaßnahmen der Europäischen Gemeinschaft, S. 42.

220 Pachmann, Das Verhältnis von Antidumping zum internationalen Wettbewerbsrecht, S. 74.

221 Nettesheim, Ziele des Antidumping- und Antisubventionsrechts, S. 114 f.; Pachmann, Das Verhältnis von Antidumping zum internationalen Wettbewerbsrecht, S. 76.

klargestellt ist. Durch die neue VO (EG) Nr. 519/94 beschränkt sich der Umfang der Länder ohne Marktwirtschaft im Wesentlichen auf die Nachfolgestaaten der ehemaligen UdSSR, die VR China, Nordkorea, Vietnam, die Mongolei und Albanien. Diese Verkleinerung des Anwendungsbereichs der Sonderregelungen gegenüber NME-Länder resultiert aus der Vergrößerung Osteuropas in den Jahren 1989 und 1990.[222]
In den letzten Jahren haben immer wieder Unternehmen aus NME-Ländern versucht, aufgrund der voranschreitenden wirtschaftlichen Entwicklung des betreffenden Landes, individuelle Behandlungen aufgrund ihrer Preise zu bekommen. In der VO (EG) Nr. 905/98 wurde daher die Möglichkeit einer individuellen Behandlung von Unternehmen aus China und Russland gesetzlich verfestigt. Dies erfolgte, indem diese Verordnung in der Verfassung der VO (EG) Nr. 905/98 dahingehend erweitert wurde, dass der Normalwert für einzelne Hersteller individuell nach den allgemeinen Vorschriften für Marktwirtschaftsländer ermittelt wird, wenn diese in einem schriftlichen Antrag nachweisen können, dass sie unter marktwirtschaftlichen Bedingungen tätig sind.[223]
Die VO (EG) Nr. 384/96 über den Schutz gegen gedumpte Einfuhren aus nicht zur EG gehörenden Ländern, wurde im Jahr 2000 durch die VO (EG) Nr. 2238/2000 geändert. Durch die VO (EG) 1972/2002 wurde Russland nunmehr offiziell als Marktwirtschaft anerkannt, wodurch bei der Berechnung der Dumpingspanne immer die Kosten und Preise der russischen Unternehmen zugrunde gelegt werden können. Ein Rückgriff auf Daten eines Vergleichslandes ist mithin nicht mehr erforderlich.[224]

Ansonsten wird bei der Behandlung von NME-Ländern in der EU ein drittes, den Markt- und Arbeitsbedingungen vergleichbares Land mit ähnlichen Bedingungen im Bruttosozialprodukt und der Ermittlungsstufe herangezogen. In der EU haben sich eine Reihe von Kriterien herausgebildet, anhand derer die Geeignetheit eines Drittlandes bestimmt werden kann. Die verschiedenen Kriterien haben unterschiedliches Gewicht: Vorrangig ist, dass eine mit der betroffenen Ware vergleichbare Ware im Drittland hergestellt wird, dass die

[222] Pachmann, Das Verhältnis von Antidumping zum internationalen Wettbewerbsrecht, S. 75.
[223] Weigl, in: Grabitz/Hilf, E 6, Art. 2, Rn. 246.
[224] Pachmann, Das Verhältnis von Antidumping zum internationalen Wettbewerbesrecht, S. 75 f.

Hersteller in diesem Land zur Mitarbeit bereit und dass ihre Verkäufe repräsentativ sind. Ferner soll auf Wettbewerb auf dem Inlandsmarkt des Drittlandes gegeben sein. Weitere Kriterien, auf die sich die Gemeinschaftsorgane gestützt haben, sind die Vergleichbarkeit von Produktionsvolumen, vom Herstellungsprozess und Herstellungseffizienz.[225]

(b) Regelungen in den USA

Seit dem *„Omnibus Trade and Competitiveness Act of 1988"* ist in den USA eine gesetzliche Regelung eingeführt, die eine Alternative zu der Festsetzung des Preises eines Produkts aus einem NME-Landes bietet. In NME-Fällen, berechnet das U.S.-DOC die unternehmenseigenen *„factors-of-production"* – die physischen Mengen aller Produktionsmittel, die während der Warenproduktion eingesetzt wurden – und bewertet diese Produktionsmittel auf der Basis von Preisen in einem Vergleichsland mit funktionierender Marktwirtschaft (*„surrogate country"*).[226] Dann vergleicht das DOC die U.S.-Preise mit einem kostenbasierten Normalwert, errechnet aus firmenspezifischen Produktionsfaktoren und *surrogate-country*-Preisen für diese Faktoren (diese enthalten Durchschnittswerte der generellen, verkaufs- und administrativen Kosten und Gewinne des Vergleichslandes). Grundsätzlich wird versucht, den Normalwert anhand eines Preises zu ermitteln, zu dem gleichartige Waren eines Landes mit Marktwirtschaft verkauft werden.[227]

(c) Vergleich

Die Listen der NME-Staaten der EU und der USA sind bis auf wenige Ausnahmen gleich.[228] Beide Länder haben eine unterschiedliche Definition der Marktwirtschaft. Beide Länder legen großes Gewicht auf das Merkmal der staatlichen Interventionen bei Firmenentscheidungen. Die EU differenziert zusätzlich zwischen Staatsintervention und Staats(mit)eigentum. Ein Kriterium, welchem die EU großes Gewicht zukommen lässt und an dem viele Firmen

225 Weigl, in: Grabitz/Hilf, E 6, Art. 2, Rn. 282.
226 Lindsey/Ikenson, Antidumping Exposed, S. 20.
227 Lindsey/Ikenson, Antidumping Exposed, S. 20.
228 Kasachstan wird von den USA nicht als NME-Land klassifiziert, in der EU dagegen schon.

scheitern, ist das Erfordernis einer klaren und unabhängig aufgestellten Rechnungslegung. Die USA verlangen kein vergleichbares Erfordernis.[229]
Amerika legt jedoch großen Wert darauf, in welchem Umfang die NME-Länder freie Gehaltsverhandlungen zwischen Arbeitnehmer und Arbeitgeber zulassen. Obwohl dieses Erfordernis in der EU nicht explizit geregelt ist, können Gehälter, die nicht frei verhandelt wurden, als Zeichen der staatlichen Intervention betrachtet werden.
Lediglich die EU hat Regelungen bezüglich des Konkursrechts getroffen.[230]
Zusätzlich zu den unterschiedlichen Kriterien der Definition von NME-Ländern, gibt es große Unterschiede in dem Vorgehen, wie die EU und die USA NME-Staaten behandeln. Die USA haben nicht das System übernommen, individuelle Firmen in das Konzept der NME einzurechnen. Stattdessen hat das DOC die Kompetenz, individuelle Industriezweige herauszustellen, die marktwirtschaftlich orientiert sind.[231]
Ein weiterer gewichtiger Unterschied zwischen der EU und den USA ist die Vorgehensweise, wie ein Vergleichsland ausgewählt wird. In der EU ist das einzige Erfordernis, dass das Vergleichsland aus einem nachvollziehbaren Grund („auf nicht unvertretbare Weise") gewählt wird.[232]
In den USA dagegen muss das Vergleichsland auf dem gleichen Level liegen, wie das betreffende NME-Land und das Vergleichsland muss ein signifikanter Hersteller von dem betreffenden Produkt sein.[233] Diese Unterschiede in den Regelungen haben Folgen auf die Wahl des Vergleichslandes. Das am häufigsten von den USA gewählte Vergleichsland zu China ist Indien, wohingegen das der EU die USA sind.[234]
Es ist unnötig zu betonen, dass zwischen den USA und Indien bestimmte Produktionskosten signifikant divergieren können.

229 Kommerskollegium, The EU-Treatment of Non-Market Economy Countries in Antidumping Proceedings, Swedish National Board of Trade, Stockholm, 2006, S. 19.
230 Kommerskollegium, The EU-Treatment of Non-Market Economy Countries in Antidumping Proceedings, S. 21.
231 Kommerskollegium, The EU-Treatment of Non-Market Economy Countries in Antidumping Proceedings, S. 21.
232 Art. 2 Abs. 7 a) UAbs. 2 AD-GVO.
233 19 U.S.C. § 1677 b (c).
234 Kommerskollegium, The EU-Treatment of Non-Market Economy Countries in Antidumping Proceedings, S. 21.

(d) Bewertung

Grundsätzlich wird versucht, den Normalwert anhand eines Preises zu ermitteln, zu dem gleichartige Waren eines Landes mit Marktwirtschaft verkauft werden. Bei der Auswahl ihrer Berechnungsmethoden und der Wahl des Vergleichslandes haben die Behörden Ermessen.[235] Die USA haben viele Antidumpingverfahren gegen Waren aus den ehemaligen kommunistischen Ländern durchgeführt, bei denen in den meisten Fällen aufgrund der Berechnungsmethode Dumping festgestellt wurde.[236]
Die in den NME-Ländern vorhandenen speziellen ökonomischen Faktoren werden nicht in die Berechnung des Dumpings miteinbezogen. Auch in der EU wurden die Hersteller dieser Länder im Verhältnis zu eigenen Produzenten oder denen aus den EFTA-Staaten ungerechtfertigt diskriminiert. Die freie Auswahl des Vergleichslandes birgt die Gefahr willkürlicher Ergebnisse und Manipulationen.[237]

Ebenso ist die Einstufung der sich im wirtschaftlichen Umbruch befindlichen kommunistischen Volkswirtschaften als NME-Länder problematisch. Im EU-Recht ist – anders als in den USA – der Begriff des „Staates ohne Marktwirtschaft“ noch immer nicht definiert und es sind auch keine sonstigen Abgrenzungskriterien geregelt. Wesentliche Vorteile der EG-Regelung sind Rechtssicherheit und Voraussehbarkeit, da durch die direkte Auflistung der NME-Länder keine Abgrenzungsschwierigkeiten bestehen.[238]
Die Wahl des Vergleichslandes muss nicht besonders begründet werden und ist für die NME-Staaten oft nicht vorhersehbar. Außerdem ist sehr zu bezweifeln, dass der Vergleichstaat in allen ökonomischen Faktoren dem NME-Land entspricht. Dies gilt ebenso für die Kostenermittlung, sodass mangels wirklicher Vergleichbarkeit die Dumpingmargen willkürlich hoch berechnet werden können.[239]
Aufgrund dieser Defizite und Ungerechtigkeit der Behandlung von Nicht-Marktwirtschaften, sollten Staatshandelsländer, die ohnehin durch den Verfall

---

235 Didier, WTO Trade Instruments in EU Law, S. 65 ff.;

236 Wessely, Das Antidumping und Kartellrecht in der Europäischen Gemeinschaft, S. 49.

237 Pachmann, Das Verhältnis von Antidumping zum internationalen Wettbewerbsrecht, S. 77.

238 Pachmann, Das Verhältnis von Antidumping zum internationalen Wettbewerbsrecht, S. 77.

239 Park, Regelung und Praxis des Antidumpingrechts, S. 94 f.

der kommunistischen Zentralverwaltungswirtschaften immer geringer werden, nach den Regeln der Marktwirtschaft behandelt werden.[240]

cc) Exportpreis

Der Exportpreis („*Export Price: EP*") ist der tatsächlich beim Verkauf zur Ausfuhr in Rechnung gestellte Preis, also der Preis, zu dem die Ware das ausländische Land verlässt.[241] Im Idealfall ist es der Preis ab Werk.[242]
Bei mehreren hintereinander liegenden Verkäufen ist zur Berechnung des Ausfuhrpreises grundsätzlich auf das Geschäft abzustellen, mit dem die Ware zum Export vorgesehen ist oder der zwischen Importeur oder Exporteur vereinbarte Kaufpreis heranzuziehen.[243]
Der Ausfuhrpreis berücksichtigt jedoch nicht die zwischen Ausfuhr und Einfuhr in das Importland anfallenden Kosten (wie z.B. Zölle, Transport- und Versicherungskosten).[244]
Der Regelfall des Vergleichs anhand des gezahlten Kaufpreises wird durch die Möglichkeit der rechnerischen Ermittlung („*Constructed Export Price: CEP*") ergänzt, falls kein Ausfuhrpreis vorliegt oder dieser als unzuverlässig anzusehen ist.[245] Ein gänzliches Fehlen des Ausfuhrpreises wird bei sog. Kompensationsgeschäften angenommen, bei denen es nur zu einem gegenseitigen Warenaustausch kommt.[246]

Die Frage, ob die Ausfuhrpreise unzuverlässig sind, kann sich in folgenden Fällen stellen: Bei einer geschäftlichen Verbindung zwischen Ein- und Ausführer, wobei im EG-Recht zur Feststellung einer geschäftlichen Verbindung die gleichen Grundsätze wie bei der Normalwertermittlung

---

240 So bereits Park, Regelung und Praxis des Antidumpingrechts, S. 94.
241 EU: Art. 2 Abs. 8 WTO-ADÜ; USA: 19 U.S.C. § 1677 a.
242 Sog. "*exfactory price on sales for export*"; vgl.: Park, Regelung und Praxis des Antidumpingrechts, S. 96.
243 Weigl, in: Grabitz/Hilf, E 6, Art. 2, Rn. 408; Lindsey/Ikenson, Antidumping Exposed, S. 77.
244 Park, Regelung und Praxis des Antidumpingrechts, S. 96.
245 Art. 2.3 WTO-ADÜ.
246 Weigl, in: Grabitz/Hilf, E 6, Art. 2, Rn. 416.

gelten.[247] Im amerikanischen Antidumpingrecht ist ausdrücklich bestimmt, wer im Antidumpingverfahren eine verbundene Partei darstellt.[248]
Nach den Vorschriften der EU kann der Ausfuhrpreis auch unzuverlässig sein, wenn sog. Ausgleichsvereinbarungen bestehen, die zugunsten von Einführern getroffen worden sind, um künstlich erhöhte Ausfuhrpreise auszugleichen.[249]
Ist einer dieser Sondertatbestände erfüllt, wird der Ausfuhrpreis auf Grundlage des Preises berechnet, zu dem die Ware an einen ersten unabhängigen Käufer weiterveräußert worden ist. Von diesem Ausfuhrpreis müssen allerdings die Kosten abgezogen werden, die ein unabhängiger Erstkäufer als unmittelbarer Importeur normalerweise hätte tragen müssen.[250] Außerdem ist eine angemessene Spanne für VVG-Kosten und Gewinne abzuziehen, die bei dem in der Gemeinschaft ansässigen verbundenen Einführer angefallen sind.[251] Deren Berechnung unterliegt den gleichen Schwierigkeiten und Ungenauigkeiten, wie sie bei einer rechnerischen Ermittlung des Normalwertes auftauchen.[252]
Der U.S.-Profit beim konstruierten Exportpreis wird durch eine Mischung aus entstehenden Kosten in den Vereinigten Staaten und den Gesamtkosten im Ursprungsland berechnet.[253]

Der Abzug eines Teils des Gewinns reduziert den konstruierten Exportpreis und hat zur Folge, dass bei einem Preisvergleich mit dem Normalwert die Dumpingmarge steigt. Diese Berechnungsweise führt somit zu einer künstlichen Dumpingspanne, da sie den Exportpreis erheblich nach unten treibt und Dumping errechnet, wo keine Preisunterschiede vorhanden sind. Auch für verbundene Unternehmen muss eine faire Lösung gefunden werden, denn ein zulässiger Firmenverbund mit Vertriebsgesellschaften darf nicht dazu führen, dass im Antidumpingverfahren ein entscheidender Nachteil entsteht.[254]
Von der Möglichkeit der Konstruktion eines Exportpreises sollte zurückhaltender Gebrauch gemacht werden. Besonders die EU nutzt diese

---

247 Düker, Rechtschutz gegen Antidumpingmaßnahmen der Europäischen Gemeinschaft, S. 57.

248 USA: 19 U.S.C. § 1677 (4)(B).

249 Art. 2 Abs. 9 AD-GVO.

250 EG: Art. 2 Abs. 9 AD-GVO; USA: 19 U.S.C. § 1677 a (a) und (b).

251 Lindsey/Ikenson, Antidumping Exposed, S. 77.

252 Düker, Rechtschutz gegen Antidumpingmaßnahmen der Europäischen Gemeinschaft, S. 58.

253 USA: 19 U.S.C. § 1677 b (f).

254 Park, Regelung und Praxis des Antidumpingrechts, S. 99.

Methode sehr häufig zur Bestimmung des Exportpreises. Hier wäre eine rückläufigere Tendenz wünschenswert, da jeder konstruierte Preis auch ein Preis ist, der der unternehmerischen Wirklichkeit nicht entspricht.[255]

dd) Methoden zur Bestimmung der Dumpingspanne

(1) Preisliche Berechnung

Von der EU wurde lange Zeit die Methode des Vergleichs einzelner Ausfuhrpreise mit dem durchschnittlichen Normalwert für die Bestimmung des Normalwertes bevorzugt.[256]

Diese Berechnungsmethode wurde allerdings von vielen Seiten kritisiert. Vor allem wurde sie als zu einseitig und als zu sehr geneigt empfunden, ein Dumping festzustellen, da die Preise, die über dem Normalwert lagen, nicht berücksichtigt wurden. Die EU und die USA waren dagegen der Ansicht, dass nur der Vergleich einzelner Ausfuhrpreise mit dem gemittelten Normalwert zur Identifizierung von gezieltem Dumping (*„spot/targeted dumping"*) geeignet sei.[257]

In der Uruguay-Runde wurde mit der Regelung des Art. 2.4.2 WTO-ADÜ eine Kompromisslösung erzielt, wonach grundsätzlich die symmetrischen Methoden zu verwenden sind. Darunter fällt zum einen der Vergleich von Durchschnittswerten (*„average-to-average"*), d.h. des gewogenen durchschnittlichen Normalwertes mit dem gewogenen durchschnittlichen Preis aller vergleichbaren Ausfuhrgeschäfte. Zum anderen kann auch ein Vergleich von Transaktionswerten vorgenommen werden. Dabei wird der Normalwert mit den Ausfuhrpreisen je Geschäftsvorgang verglichen (*„transaction-to-transaction"*).[258]

Die bis dahin von der EU und den USA bevorzugt angewandte Methode des gewogenen durchschnittlichen Normalwerts mit den Preisen einzelner Ausfuhrgeschäfte (*„transaction-to-average"*) bleibt zwar auch weiterhin möglich, allerdings nur unter zwei Bedingungen. Art. 2.4.2 Satz 2 WTO-ADÜ setzt voraus, dass zum einen die Ausfuhrpreise je nach Käufer, Region oder

255 Park, Regelung und Praxis des Antidumpingrechts, S. 99.

256 VO (EG) Nr. 2423/88, ABl. Nr. 1988 L 209/1.

257 Pachmann, Das Verhältnis von Antidumping zum internationalen Wettbewerbsrecht, S. 63; Weigl, in: Grabitz/Hilf, E 6, Art. 2, Rn. 726.

258 Vermulst, The WTO Anti-Dumping Agreement, S. 51.

Verkaufszeitraum erheblich voneinander abweichen, und zum anderen ist zu begründen, warum solche Unterschiede bei einem Vergleich der gewogenen Durchschnitte oder einem Vergleich je Geschäftsvorgang nicht angemessen berücksichtigt werden können.

Durch diese Ausnahmeregelung wird die durchaus positive Entwicklung durch die Uruguay-Runde abgeschwächt, da keine Definition für das Vorliegen einer solchen Abweichung geregelt wurde. Somit kann von dieser Ausnahme regelmäßig Gebrauch gemacht werden. Auch werden die Ursachen und Gründe für Preisschwankungen nicht berücksichtigt, obwohl diese durch das Kaufverhalten der Konsumenten oder Transportkosten verursacht werden können. Das U.S.-Antidumpingrecht wurde dem Beschluss der Uruguay-Runde durch eine zusätzliche Änderung[259] gerecht, sodass nunmehr der Durchschnittspreis des Exportpreises auf der Basis des Transaktions-zu-Transaktionspreises verglichen wird.[260]
Zuvor hatten die amerikanischen Behörden diese Berechnungsmethode stets abgelehnt und stattdessen den durchschnittlichen Normalpreis mit den einzelnen Exportpreisen verglichen, obwohl bereits 1984 dieser Durchschnittsvergleich durch den Trade Tariff Act § 777 A (a) hinzugefügt wurde.[261] Auch die EU hat die Regelung in ihre nationale Antidumpingverordnung aufgenommen. Der Art. 2 Abs. 11 AD-GVO entspricht im Wesentlichen der Bestimmung des WTO-ADÜ.[262]
Die WTO-Staaten haben zwar das Problem erkannt und versucht, eine faire Vergleichsmethode festzulegen, doch ist diese Lösung lediglich als kleinster gemeinsamer Nenner zu betrachten. Wenn sich die Vergleichsgegenstände nicht entsprechen, dann werden – plakativ formuliert – „Äpfel mit Birnen" verglichen. Dann kann auch kein gerechter Vergleich stattfinden.[263]
Ob in der Tat eine Notwendigkeit besteht, „Spot-Dumping" zu verhindern, ist sehr zweifelhaft, da in diesen Fällen nur eine sehr kurze Zeit Dumping betrieben und daher der Markt kaum beeinflusst wird.

---

259 USA: 19 U.S.C. § 1677 f.

260 Park, Regelung und Praxis des Antidumpingrechts, S. 101; Pachmann, Das Verhältnis von Antidumping zum Internationalen Wettbewerbsrecht, S. 62.

261 Pachmann, Das Verhältnis von Antidumping zum Internationalen Wettbewerbsrecht, S. 62.

262 Art. 2.4.2 Satz 2 WTO-ADÜ.

263 Park, Regelung und Praxi des Antidumpingrechts, S. 102.

Aus diesem Grunde sollte der Ausnahmetatbestand künftig vollständig abgeschafft werden oder es sollte zumindest ausdrücklich bestimmt werden, wann ein solcher Ausnahmefall vorliegt.[264]

(2) Zeitliche Dimension

Auch der Zeitpunkt oder Zeitraum, für den die beiderseitigen Preise gelten, ist für einen gerechten Preisvergleich von Bedeutung. Um Verzerrungen durch Preisschwankungen auszuschalten, ist der Preisvergleich für möglichst nahe beieinander liegende Zeitpunkte durchzuführen. In der Regel geschieht dies in der Weise, dass die Untersuchung sich auf einen bestimmten Zeitraum erstreckt, für die die – erforderlichenfalls gemittelten – Notierungen gegenüber gestellt werden. Geringe zeitliche Toleranzen sind jedoch in der Regel nicht zu vermeiden.[265]
Im Zusammenhang mit dem Zeitpunkt des Preisvergleichs steht das vor allem bei schwankenden Währungsrelationen leidige Problem der Wechselkurse.[266] Es müssen also Inflationen sowie Kursschwankungen in die Preisberechnung einbezogen werden.

ee) Durchschnittsbildung

Bei der Durchschnittsbildung werden zunächst Teildumpingbeträge, sei es durch Vergleich von Durchschnittswerten oder durch Vergleich einzelner Verkaufsvorgänge mit dem gemittelten Normalwert, errechnet. Diese negativen oder positiven Teilbeträge werden zu einer gewichteten durchschnittlichen Dumpingspanne zusammengefasst. Dies wird erreicht, indem die Summe aller Teildumpingbeträge in Prozent von dem Gesamtwert aller entsprechenden Ausfuhren berechnet wird.[267]

(1) „Zeroing" in der EU

In der EU war bisher bei der Durchschnittsbildung der Dumpingspannen das Modell des sog. *„Zeroing"* gebräuchlich.

---

264 Pachmann, Das Verhältnis von Antidumping zum internationalen Wettbewerbsrecht, S. 63; Park, Regelung uns Praxis des Antidumpingrechts, S. 102.
265 Beseler, Die Abwehr von Dumping, S. 70.
266 Baseler, Die Abwehr von Dumping, S. 70.
267 Weigl, in: Grabitz/Hilf, E 6, Art. 2, Rn. 755.

Dabei hat die Gemeinschaft zunächst durch Vergleich des durchschnittlichen Ausfuhrpreises mit dem durchschnittlichen Normalwert Dumpingspannen für die einzelnen Modelle der betroffenen Ware errechnet.[268]
Um sodann den Durchschnitt zu berechnen, wurden etwaige negative Dumpingspannen auf Null gesetzt und erst danach die Gesamtdumpingspanne gebildet.[269]
Diese Methode der EU wurde von Japan vor dem WTO-Panel[270] angegriffen. Dieses Verfahren scheiterte jedoch, da Japan argumentiert hatte, das der Durchschnittsvergleich von Normalwert mit dem Exportpreis mit der *transaction-to-transaction*-Methode die Dumpingmarge *immer* erhöhen würde. Der WTO-Panel sah die *transaction-to-transaction*-Methode als Bezugsgröße und entschied korrekterweise, dass diese Aussage mathematisch nicht zutreffe.[271]
In dem fünf Jahre späteren *EC-Bed Linen*-Verfahren[272] argumentierte die Europäische Gemeinschaft vor dem Hintergrund des *EC-Audio tapes in cassettes from Japan*-Urteils, dass die Verwendung des Ausdrucks „aller vergleichbarer Ausfuhrgeschäfte" den Vorrang der symmetrischen Vergleichsmethoden lediglich auf grundsätzlich vergleichbare Verkaufsvorgänge beschränke. Darüber hinaus enthalte das WTO-ADÜ keine Regelung für die Durchschnittsbildung.[273]
Überraschenderweise jedoch verwarf der WTO-Panel in einem entscheidenden Wechsel von seiner alten Rechtsprechung die EG-Position. Er entschied, dass die Dumpingmarge für *das Produkt (cotton type bed linen)* und nicht für verschiedene Typen oder Modelle des Produkts berechnet werden müsse. Daher zwinge der Wortlaut „aller vergleichbaren Ausfuhrgeschäfte" dazu, alle Ausfuhren in den *„average-to-average"*-Vergleich einzubeziehen. In der

---

268 Düker, Rechtschutz gegen Antidumpingmaßnahmen in der Europäischen Gemeinschaft, S. 59

269 Stanbrook/Bentley, Dumping and Subsidies, S. 73.

270 *EC-Audio tapes in cassettes from Japan, AB, Rn. 62 (*EC-Anti-dumping proceeding against audio tapes in cassettes from Japan, unadopted, ADP/136/Corr. 1, 8 June 1995).

271 Vermulst, The WTO-Antidumping Agreement, S. 55.

272 EC-Anti-dumping duties on imports of cotton type bed linen from India, WT/DS141/R of 30. October 2000.

273 *EC-Bed Linen* (vgl. Fn. 275), Rn. 6105 f., 6113; vgl.: Cho, Constitutional Adjudication in the World Trade Organization, S. 10.

Methode der EG liege folglich eine unzulässige Form des *„Zeroing"*, welche nicht mehr von dem Wortlaut des Art. 2.4.2 WTO-ADÜ gedeckt sei.[274]
Die Gemeinschaft hat sich mit der VO (EG) Nr. 1515/2001[275] den rechtlichen Rahmen für die Umsetzung der Berichte des WTO-Panels bzw. des Berufungsgremiums gegeben.[276]

(2) *„Zeroing"* in den USA

Auch in den USA spielt die Methode des *„Zeroing"* eine große Rolle. Im Jahre 2003 beispielsweise, war in 18 vom DOC geprüften Fällen *„Zeroing"* die signifikante Berechnungsweise von Dumpingmargen. Es beeinflusste die Ergebnisse in 17 von 18 Fällen. Eine Abschaffung des *„Zeroing"* hätte die Dumpingmarge in diesen 18 Fällen im Durchschnitt um 86,41% verringert. Die Margen wären in fünf von den 18 Fällen völlig beseitigt worden, wäre kein *„Zeroing"* angewandt worden. In einem sechsten Fall wäre die Dumpingspanne um 96,84% verringert worden.[277]
Daher verwundert es nicht, dass auch die USA wegen der Methode des *„Zeroing"* vor dem WTO-Panel angegriffen wurde.
In dem *U.S.-Softwood Lumber V*-Urteil im Jahr 2004 bestätigte der WTO-Panel seine Entscheidung in dem *EC-Bed-linen*-Urteil. Er hielt das *„Zeroing"* wegen seiner selektiven Berechnungsmethode für nicht WTO-konform und nicht geeignet, die Dumpingmargen im WTO-Antidumpingverfahren zu berechnen, da es die Dumpingspanne künstlich nach oben treibe.
Im *U.S. – Zeroing (EC) (2006)*[278] und im *U.S. – Softwood Lumber V (Article 21.5 – Canada) (2006)*[279] -Verfahren versuchten die USA es mit ähnlichen Argumenten, wie sie bereits die EU im *Bed-Linen-Verfahren* hervorgebracht

---

274 Vgl. dazu: Cho, Constitutional Adjudication in the World Trade Organization, S. 10 f.; Weigl, in Grabitz/Hilf, E 6, Art. 2, Rn. 757.

275 ABl. 2001 L 201/10, über die möglichen Maßnahmen der Gemeinschaft aufgrund eines vom WTO-Streitbeilegungsgremium angenommenen Berichts über Antidumping- oder Antisubventionsmaßnahmen.

276 Weigl, in Grabitz/Hilf, E 6, Art. 2, Rn. 757.

277 Lindsey/Ikenson, Antidumping Exposed, S. 71 f.

278 *U.S.-Zeroing-EC* (United States - Laws, Regulations, and Methodology for Calculating Dumping Margins ("Zeroing"), Appellate Body Report adopted on May 9, 2006, WT/DS294/AB/R).

279 *U.S.-Softwood Lumber* (United States - Final Dumping Determination on Softwood Lumber from Canada (Article 21.5 – Canada), Appellate Body Report adopted on Sep. 1, 2006, WT/DS264/AB/RW).

hatte. Diese Argumente verwarf der WTO-Panel jedoch und erklärte das *„Zeroing“* wiederholt für WTO-widrig.
Ihren Höhepunkt ereichte die Rechtsprechung des Appelate Body (AB) zum *„Zeroing“* in dem Verfahren *U.S.-Zeroing (Japan)*[280] im Jahr 2007. Die Entscheidung, die auch als Todesurteil des *„Zeroing“* bezeichnet wurde[281], ist bisher die umfassenste und ergiebigste aller *„Zeroing“*-Urteile. Der AB hat die Anwendung des *„Zeroing“* als solches sowohl für den *transaction-to-transaction*-Vergleich, als auch für den *average-to-transaction*-Vergleich abgelehnt. Außerdem hat er das *„Zeroing“* in drei Fällen der administrativen Überprüfung (*periodic review, new shipper review and sunset review*) für WTO-widrig erklärt. Der AB betonte:

> *„Wenn es erlaubt wäre, verschiedenen Dumpingspannen für jede Transaktion zu bestimmen, dann wäre die Konsequenz, dass verschiedene Dumpingspannen für jeden bekannten Exporteur und ausländischen Hersteller gefunden würden. Je größer die Anzahl von Exportgeschäften, desto größer wäre die Anzahl von solchen transaktionsspezifischen Dumpingspannen für jeden Exporteur oder ausländischen Produzenten. Dies würde Unsicherheit und Unterschiede in den ursprünglichen Untersuchungen und den nachfolgenden Phasen der Antidumpingverfahren schaffen.“*[282]

Wie die Reihe von Urteilen der letzten Jahre zeigt, ist der Umfang des Paradigmenwechsels in der WTO-Rechtsprechung bzgl. des *„Zeroing“* sehr weitreichend. Er betrifft nahezu alle Vergleichsmethoden nicht nur in den ursprünglichen Untersuchungen, sondern auch in den verschiedenen nachfolgenden Verfahrensabläufen. In dieser Fortentwicklung der WTO-Rechtsprechung kann eine klare Ansage an die globale Handelsgemeinschaft gesehen werden, dass die Ära des *„Zeroing“* zu Ende ist.[283]

4. Schädigungstatbestand

Der Schädigungstatbestand wurde bereits mit Festsetzung des Antidumpingrechts im frühen 20. Jahrhundert in die Voraussetzungen

---

280 *U.S.-Zeroing (Japan),* United States – Measures Relating to Zeroing and Sunset Reviews, Appellate Body Report adopted on Jan. 23, 2007, WT/DS322/AB/R.
281 Daniel Pruzin, Latest WTO Ruling May Spell End of U.S. Use of Zeroing Methodology, in: Int’l Trade Rep., 24, 2007, S. 83.
282 U.S.-Zeroing (Japan), (siehe Fn. 149), Rn. 126.
283 Cho, Constitutional Adjudication in the World Trade Organization, S. 15.

aufgenommen. Dennoch hat kein Gesetz – weder national, noch international – das Merkmal der Schädigung jemals definiert.[284]

a) Schädigungsbegriff

aa) Schädigung

Erforderlich für die Verhängung von Antidumpingzöllen ist nach Art.6 WTO-ADÜ eine kausale Schädigung der inländischen Wirtschaft durch das Dumping oder dass der Wirtschaftszweig von einer Schädigung bedroht oder die Entstehung der Industrie ernsthaft gefährdet wird. Diesem Merkmal kommt entscheidende Bedeutung im Antidumpingrecht zu.[285]
Art. 3 WTO-ADÜ trägt den Titel „Bestimmung der Schädigung“ und schlägt praktisch ein „Grundgerüst“ zur Bestimmung der Schädigung vor.[286]
Diese Norm ist weder zwingend, noch sind die ausgezählten Kriterien abschließend und es werden Begriffe umfasst wie Menge und Preis der Einfuhren, Auswirkungen auf den betreffenden Wirtschaftszweig anhand Indikatoren wie Produktion, Kapazitätsauslastung, Absatz, Marktanteil, Preisentwicklung, Gewinn, Investitionen, Beschäftigung.[287]

(1) Prüfung der Schädigung in der EU

Die entsprechende Regelung in der EU ist etwas kürzer gehalten.[288]
Bei der Aufzählung der Kriterien wird weder festgelegt, welche und wie viele dieser Kriterien heranzuziehen sind, noch ab welchen Veränderungswerten von einer bedeutenden Schädigung auszugehen ist.[289] Der Kommission werden insoweit weite Beurteilungs- und Entscheidungsspielräume zugestanden.[290]
Grundsätzlich gehen die Gemeinschaftsorgane von einer bedeutenden Schädigung aus, wenn sich der betroffene Wirtschaftszweig in einem

---

284 Li, Anti-Dumping Law of the WTO/GATT and the EC, S. 222 f.

285 Pachmann, Das Verhältnis von Antidumping zum internationalen Wettbewerbsrecht, S. 91.

286 Vermulst, The WTO Anti-Dumping Agreement, S. 65.

287 Park, Regelung und Praxis des Antidumpingrechts, S. 111; Pachmann, Antidumping im Vergleich zum internationalen Wettbewerbsrecht, S. 92.

288 Art. 3 AD-GVO.

289 Düker, Rechtschutz gegen Antidumpingmaßnahmen der Europäischen Gemeinschaft, S. 61.

290 Wenig, in: Grabitz/Hilf, E 6, Art. 3, Rn. 5; Düker, Rechtschutz gegen Antidumpingmaßnahmen der Europäischen Gemeinschaft, S. 61.

schlechten wirtschaftlichen bzw. finanziellen Zustand befindet oder wenn sich dessen Lage gegenüber dem Zeitraum vor Warenimport deutlich verschlechtert hat.[291]

Auch im amerikanischen Recht sind die für eine Schädigung ausschlaggebenden Faktoren aufgelistet. In solch einer Aufzählung liegt aber keine Definition, sondern lediglich eine Art von Regelbeispielen. Aus diesem Grund wurden bestimmte Vorgehensweisen zur Feststellung einer Schädigung herausgebildet:

a) Analyse des Umfangs der gedumpten Einfuhren und Auswirkungen auf die Preise gleichartiger Waren auf dem inländischen Markt;[292]
b) Untersuchung der Folgen der Importe auf die ausländischen Hersteller;[293]
c) Prüfung aller anderen bekannten Faktoren, die eine Schädigung der heimischen Industrie hervorrufen.[294] Eine Schädigung durch andere Faktoren wird dem Dumping nicht zugeschrieben.[295]

In der EU wurde diese Prüfung übernommen.[296]
In der Praxis prüfen die Antidumpingbehörden zuerst die ökonomischen Faktoren/Elemente auf der Dumpingseite und dann die ökonomischen Faktoren/Elemente auf der Schädigungsseite. Die erste Prüfung enthält drei Untersuchungen:

- Menge der gedumpten Importe;
- Marktanteil dieser Produkte; und
- Preisunterschreitung.[297]

Davon haben in den vergangenen Jahren allerdings nur die ersten beiden Faktoren praktische Bedeutung erlangt.[298]

---

291 EuGH, verb. Rsen. 277 u. 300/85, *Canon/Rat,* Slg. 1988, S. 5731, 5808, Rn. 56; Düker, Rechtschutz gegen Antidumpingmaßnahmen der Europäischen Gemeinschaft, S. 61.
292 Art. 3.1 (a) WTO-ADÜ.
293 Art. 3.1 (b) WTO-ADÜ.
294 Art. 3.5 WTO-ADÜ.
295 Park, Regelung und Praxis des Antidumpingrechts, S. 112.
296 EG: Art. 3.3, 3.7 AD-GVO.
297 Li, Anti-Dumping Law of the WTO/GATT and the EC, S. 274.

Entscheidend für die Prüfung ist, welche Auswirkungen der Zuwachs auf den jeweiligen heimischen Märkten hat.[299]

(2) Prüfung der Schädigung in den USA

In den USA setzte das Antidumpingrecht trotz des ehem. Art. VI GATT keine materielle Schädigung voraus.
Für die USA war es eine der größten Zugeständnisse in der Uruguay-Runde, sich auf die Implementation der *„material injury"* zu einigen. Mit dem Trade Agreement Act von 1979 wurde der Begriff der materiellen Schädigung in das U.S.-Antidumpingrecht aufgenommen.[300]

Es ist bemerkenswert, dass die Gesetzgebung der Europäischen Gemeinschaft seit Jahren die illustrative Liste von Faktoren enthält, welche als Indizien des Dumping herangezogen werden können, während die U.S.-Gesetzgebung auf einen „Schaden, welcher nicht unbedeutend, unwesentlich oder unwichtig ist", verweist: *„harm which is not inconsequential, immateriel or unimportant."*[301]
Dies zeigt, dass die Europäischen Bestimmungen der materiellen Schädigung auf einer wohlüberlegten Kombination dieser verschiedenen Erfordernisse beruhen.[302]
Das U.S.-Recht gibt mit dieser Bestimmung aber keinen Hinweis auf eine Definition einer „Schädigung". Lediglich was eine unwesentliche Schädigung sein soll, wird anhand der *„de minimis"*-Regelung, nach der 3% der Importe des exportierenden Landes und 7% der kumulierten Importe unwesentlich sind, geklärt. Somit bleibt den Behörden ein erheblicher Ermessensspielraum zur Feststellung der materiellen Schädigung.[303]
In den USA wurden zwei verschiedene Tests zur Feststellung der Schädigung entwickelt:

---

298 Li, Anti-Dumping Law of the WTO/GATT and the EC, S. 275.
299 Pachmann, Antidumping im Vergleich zum internationalen Wettbewerbsrecht, S. 92.
300 Park, Regelung und Praxis des Antidumpingrechts, S. 113.
301 USA: U.S.C. § 1677 (7).
302 Stenbrook/Bentley, Dumping and Subsidies, S. 113.
303 Park, Regelung und Praxis des Antidumpingrechts, S. 114.

(a) Die „Elasticity Analysis" („But-For"-Test)

Die „sog. *Elasticity Analysis" („But-For"-Test)* wurde von dem Commissionsmitglied *Anne E. Brunsdale* benutzt, indem sie die inländische Industrie untersuchte und fragte, ob deren Lage besser wäre, wenn das gedumpte Produkt zu einem fairen Preis angeboten worden wäre. Die Vorgehensweise dieses Tests kann in drei wichtige Stufen unterteilt werden:

Wie hoch sind Dumpingspanne und Gewinnanteil der gedumpten Produkte, die *„less than fair value"* verkauft wurden?
Verdrängen die Importverkäufe des betreffenden Landes wirklich Verkäufe von U.S.-Herstellern oder anderen Importländern?
Wurde die Inlandsnachfrage wirklich signifikant von dem Auslandsimport beeinträchtigt?[304]

Es ist die dritte Stufe, auf der die Frage einer „elastischen" Nachfrage ins Spiel kommt. Die Nachfrage ist elastisch, wenn die Konsumenten mehr von einem Produkt kaufen, als der Preis sinkt. Das hieße, so wird argumentiert, dass wo Nachfrage elastisch ist, Niedrigpreisimporte wenig Einfluss auf die inländische Industrie haben können, weshalb die Preise hoch blieben.[305]
Dagegen ist die Nachfrage „unelastisch", wenn die Verbraucher die gleiche Menge von einem Produkt kaufen, selbst wenn der Preis niedrig ist oder sinkt. Bei dieser Art des Marktes mit höherpreisigen inländischen Produkten werden die Konsumenten eher zu dem Niedrigpreisprodukt wechseln als den Gesamtverbrauch steigern, weil die Nachfrage konstant bleibt.[306]

(b) Der „Unitary" oder „Comparative Approach"

Obwohl dieser Test eher eine veränderte Version der *„Elasticity Analysis"* darstellt als eine vollständig neuer Weg zur Bestimmung der Schädigung, wurde der *„Unitary"* oder *„Comparative Approach"* von dem Kommissionsmitglied *Cass* als neuer Test entwickelt.[307]

---

304 Blinn, The injury-test under U.S. antidumping, S. 23.
305 Blinn, The injury-test under U.S. antidumping, S. 24.
306 Blinn, The injury-test under U.S. antidumping, S. 24.
307 Blinn, The injury-test under U.S. antidumping, S. 40.

Der *„Unitary Approach"* fragt nicht, ob die inländische Industrie sich im Vergleich zu anderen Industrien oder im Vergleich zu anderen Zeitperioden gut entwickelt hat. Er vergleicht vielmehr die vorliegende Entwicklung der Industrie mit der Entwicklung, die vorgelegen hätte, wenn in der Untersuchungszeit keine gedumpten Importe vorgelegen hätten.[308] Es werden somit die durch das Dumping hervorgerufenen einzelnen Faktoren analysiert und die Auswirkungen des Dumping auf Qualität und Preise der inländischen Produkte festgestellt.[309]

(c) Bewertung

Welcher Test in der Praxis angewandt wird, ist nicht allgemein zu benennen. In der jüngsten Vergangenheit wurde die *„Comparative Analysis"* häufig zur Schadensbestimmung herangezogen.

Doch ist zu betonen, dass praktisch jeder *„ITC-Commisioner"* (*International Trade Commission*) seinen eigenen persönlichen Standard zur Bestimmung der Schädigung anwendet. Der persönliche Standard des einen ist oft nicht der gleiche wie der von einem anderen *Commissioner* und die Vorgehensweise von einigen *Commisioners* stellt weit häufiger eine Schädigung fest als die Vorgehensweise anderer *Commissioners.* So wie die Zusammensetzung der *Commission* wechselt, so wechselt auch der effektive Standard zur Feststellung der Schädigung. [310]

Außerdem ist dem amerikanischen Antidumpingrecht anzulasten, dass die Schädigung zu leicht festgestellt werden kann, da die Voraussetzungen der Prüfung zu niedrig sind. Die Schädigung muss lediglich bei einem großen Teil der Hersteller in den USA nachgewiesen werden.[311]

In der Tat ist das Hauptproblem das Fehlen von klaren Standards in der Definition der Schädigung. Die allgemeine Beschreibung des amerikanischen Antidumpingrechts ist so vage und unbestimmt, dass grundsätzlich jede Schädigung unter die Definition fällt. Auch ist zu problematisieren, dass im

---

308 Blinn, The injury-test under U.S. antidumping, S. 40 f.

309 Park, Regelung und Praxis des Antidumpingrecht, S. 114.

310 Mastel, Antidumping Laws and the U.S. Economy, S. 10.

311 USA: 19 U.S.C § 1677 (4) (A); Park, Regelung und Praxis des Antidumpingrechts, S. 114; Pachmann, Antidumping im Vergleich zum internationalen Wettbewerbsrecht, S. 94.

U.S.-Antidumpingrecht der Markt regional aufgeteilt werden kann, wobei dann die Schädigung nur in der betroffenen Region untersucht wird. Dabei ist der Schädigungsstandard aber strenger und rigoroser als in der normalen Untersuchung.[312]

Insgesamt ist eine klare und eindeutige Bestimmung der Schädigung im amerikanischen Antidumpingrecht wünschenswert aber auch erforderlich.

bb) Drohende Schädigung

Nach Art. 3.7 WTO-ADÜ genügt es für die Feststellung einer Schädigung, dass durch das Dumping eine Schädigung des Industriebereichs droht.[313] Dabei ist ausreichend, aber auch erforderlich, dass die gedumpten Einfuhren eine bedeutende Schädigung eines bestehenden Industriezweiges zwar noch nicht verursacht haben, aber diesen Schaden kausal zu verursachen drohen oder die Errichtung eines neuen Wirtschaftszweiges durch sie erheblich verzögert wird. Diese Bedrohung darf nicht auf reinen Spekulationen basieren, sondern muss sich auf Fakten gründen und klar vorhersehbar sein und unmittelbar bevorstehen.[314]

Art. 3.7 WTO-ADÜ setzt voraus, dass bestimmte Faktoren zu berücksichtigen sind.

Diese Schädigungsform wurde in der Vergangenheit in der EU und den USA nur sehr selten angewandt. Das amerikanische Antidumpinggesetz[315] lässt in Bezug auf die drohende Schädigung ganz ähnliche Voraussetzungen erkennen wie die Antidumpingverordnung der EU in Art. 4 Abs. 1 und 3 AD-GVO.[316] Nach beiden Rechtspraxen ist die unmittelbare Gefahr einer Beeinträchtigung gegeben, wenn nach dem normalen Lauf der Dinge, ohne Ergreifen von Gegenmaßnahmen, eine Beeinträchtigung sehr wahrscheinlich eintreten wird.[317] Objektive Tatsachen müssen diese Einschätzung rechtfertigen: z.B. ein erheblicher Anstieg der Produktion des ausländischen Herstellers oder eine

---

312 Pachmann, Antidumping im Vergleich zu internationalen Wettbewerbsrecht, S. 94; Park, Regelung und Praxis des Antidumpingrechts, S. 114 f.

313 Art. 3.7 WTO-ADÜ.

314 Vermulst, The WTO Antidumping Agreement, S. 94 f.

315 USA: U.S.C. 1673 b (a).

316 v. Baum, Das Antidumping-Verfahren in den USA, in: ZfZ 1996, S. 233 (235 Fn. 16).

317 Wenig, in: Grabitz/Hilf, E 6, Art. 2, Rn. 18.; v. Baum, Das Antidumping-Verfahren in den USA, in: ZfZ 1996, S. 233 (235 Fn. 16).

merkliche Erhöhung der Importe und des Marktanteils, sodass mit einer zusätzlichen Marktbelastung zu rechnen ist.[318]

cc) Bewertung

Die Schädigungskomponente ist der noch immer am geringsten entwickelte Bereich des WTO-ADÜ, auch nach den Veränderungen der Uruguay-Runde. Um eine faire Anwendung der Antidumpingmaßnahmen zu gewährleisten, müssen die Tatbestandsvoraussetzungen der Schädigung genauer bestimmt und ausgelegt und auch bzgl. ihrer ökonomischen Folgen besser durchdacht werden. Die nationale Interpretationsfreiheit des Merkmals der Schädigung muss eingegrenzt werden, indem im WTO-ADÜ eine Definition geregelt wird. Nur so kann Transparenz und Klarheit des Antidumpingrechts gewährleistet und damit Missbrauch dieses Instrumentes verhindert werden.[319]

b) Gemeinschaftsindustrie

Gem. Art. 4.1 WTO-ADÜ muss durch das Dumping die heimische Industrie geschädigt worden sein. Allerdings wird es durch die zunehmende Internationalisierung, Globalisierung und Produktionsverlagerung immer schwieriger, einen einheimischen Industriezweig zu bestimmen.[320]

aa) Bestimmung der heimischen Industrie in der EU

Im Antidumpingrecht der EU definiert der Art. 4 AD-GVO den Wirtschaftszweig der Gemeinschaft als die Gesamtheit der Gemeinschaftshersteller der gleichartigen Waren oder diejenigen von ihnen, die einen erheblichen Anteil an der Gemeinschaftsproduktion haben. Nach der Grundverordnung gilt ein Teil der gesamten Gemeinschaftsproduktion als erheblich, wenn die beschwerdeführenden Hersteller mindestens 25% der Gemeinschaftsproduktion auf sich vereinigen.[321] Für den Herstellerbegriff ist eine substantielle wertschöpfende Tätigkeit maßgeblich. Diese wird bei

---

318 Wenig, in: Grabitz/Hilf, E 6, Art. 2, Rn. 20.; v. Baum, Das Antidumping-Verfahren in den USA, in: ZfZ 1996, S. 233 (235).

319 Park, Regelung und Praxis des Antidumpingrechts, S. 118 f.; Pachmann, Antidumping im Vergleich zum internationalen Wettbewerbsrecht, S. 96.

320 Park, Regelung und Praxis des Antidumpingrechts, S. 122.

321 Art. 4 i.V.m. Art. 5 Abs. 4 AD-GVO.

Unternehmen, die die Ware aus eingeführten Einzelteilen anfertigen, erst angenommen, wenn die Wertschöpfung mindestens 50% beträgt.[322]
Die EU-Kommission hat außerdem in der vergangenen Praxis verschiedene Kriterien zur Bestimmung der Gemeinschaftsindustrie herausgebildet:

- Den „*core of business test*": dieser Test prüft, wo der Kern/Schwerpunkt der Aktivitäten des Herstellers liegt;
- eine Einschätzung, ob die Importe lediglich in die Gemeinschaft gebracht wurden um eine Produktpalette der Firma zu vervollständigen;
- eine Einschätzung, ob die Importe lediglich aus dem Grunde der „Selbstverteidigung" vor Niedrigpreis-Importen in die Gemeinschaft gebracht wurden;
- eine Einschätzung, ob die Importe den Hersteller vor den schädigenden Effekten von gedumpten Importen geschützt haben;
- eine Einschätzung, ob die Importe von zeitweiliger Natur waren oder ob sie auf einer strategischen Entscheidung des Herstellers basieren, signifikante Teile seiner künftigen Verkäufe aus Importen zu tätigen.[323]

Diese Anwendungspraxis stellt allerdings auch keine klare Definition der Gemeinschaftsindustrie dar und aufgrund der Schwierigkeiten der Bestimmung dieses Merkmals sind die Entscheidungen der nationalen Behörde bezüglich der „heimischen Industrie" oft nicht nachzuvollziehen.[324]
Aus diesem Grund wurde die Definition der Gemeinschaftsindustrie in der Europäischen Union jüngst Gegenstand einer lebhaften Diskussion, nicht zuletzt durch die Veröffentlichung des Grünbuchs der *EU Trade Defence Instruments (TDIs).*[325] Der europäische Handelskommisar *Mandelson* wollte in einer Antidumpingreform neben der Neubestimmung des Gemeinschaftsinteresses vor allem eine Neudefinition der Gemeinschaftsindustrie vornehmen. In den zahlreichen Antworten auf das

---

322 Düker, Rechtschutz gegen Antidumpingmaßnahmen der Europäischen Gemeinschaft, S. 63 f.

323 Tietje/Kluttig, The Definition of Community Industry in EU Anti-dumping Law, in: Global Trade and Customs Journal, 3, 2008, S. 89 (95).

324 Park, Regelung und Praxis des Antidumpingrechts, S. 122.

325 Communication from the Commission, *Global Europe – Europe's trade defence instruments in a changing global economy.* A green Paper for public consultation, 2006.

Grünbuch wurde gefordert, die Definition der „Gemeinschaftsindustrie" eindeutig festzulegen. Dies sollte im Einzelnen durch Bildung spezifischer Kriterien für die Subsumtion unter Art. 4 Abs. 1 AD-GVO erreicht werden. Das Bedürfnis der Schaffung klarer Richtwerte in dieser Hinsicht kam auch im Verlaufe der Untersuchungen bzgl. des Imports von Energiesparlampen aus China zum Ausdruck, während der eine hitzige Debatte hinsichtlich des Ausschlusses von bestimmten europäischen Herstellern aufgrund ihres hohen Importlevels entbrannte.[326]

Die Lösung der Europäischen Union, die Entscheidung für eine der umstrittenen Definitionen der „Gemeinschaftsindustrie" zu umgehen, lag in der analogen Anwendung des Art. 9 Abs. 1 der AD-GVO. Diese Vorgehensweise ist nicht nur aus rechtlicher Sicht zweifelhaft, sondern läuft auch gegen die Ziele der Schaffung einer größeren Transparenz, Klarheit und Sicherheit im Bereich der Handelsschutzinstrumente.[327]

Auch der Handelskommissar Mandelson hat sich in Anbetracht der widerstreitenden Interessen dem Duck gebeugt und am 14. Januar 2008 erklärt, dass er seine Pläne, das EU-Antidumping-Instrumentarium zu reformieren, bis auf weiteres nicht mehr verfolgen werde. Solange die Mitgliedstaaten uneins über die nötigen Reformen seien, so Mandelson, werde er keinen Gesetzesentwurf vorlegen. Diese Entscheidung kam für viele Beobachter Mandelsons nicht überraschend in Anbetracht der zahlreichen Diskussionen, die das Grünbuch sowohl bei den Mitgliedstaaten als auch der Wirtschaft entfacht hatte. Vor allem der Bundesverband der Deutschen Industrie (BDI) hat wiederholt gegenüber der Kommission und der Bundesregierung betont, dass er für eine grundlegende Reform des Antidumpingrechts keinen Bedarf sehe.[328]

---

326 VO (EG) Nr. 1205/2007 vom 15. Oktober 2007, betreffend Antidumping-Zölle auf Importe von elektrischen Energiesparlampen *(integrated electronic compact fluorescent lamps (CFL-i)*) gegen die Volksrepublik China. Die VO folgt der vorhergehenden Untersuchung bzgl. des Art. 11 Abs. 2 der AD-GVO und bezieht sich auch auf Importe der gleichen Produkte, wenn sie von Vietnam, Pakistan und den Philippinen eingeführt werden.

327 Tietje/Kluttig, The Definition of Community Industry in EU Anti-dumping Law, in: Global Trade and Customs Journal, 3, 2008, S. 89 (90).

328 BDI/BDA, The German Business Representation, in: Brüssel aktuell, 1, 2008, S. 13.

bb) Bestimmung der *„Domestic Industry“* in den USA

Die Definition der heimischen Industrie ist im U.S.-Antidumpingrecht in der Sec.771(4) des Tariff Act von 1930 (19 U.S.C. § 1677 (4)) enthalten. Der Wortlaut dieser Vorschrift ist nahezu identisch mit denen Regelungen über die Gemeinschaftsindustrie der EU. Daher ist die mangelnde Klarheit der Bestimmung der Gemeinschaftsindustrie kein exklusiv europäisches Problem, sondern auch im U.S.-amerikanischen Antidumpingrecht zu finden.[329]
In ihrer Anwendungspraxis hat die U.S. International Trade Commission (ITC) bei der Bestimmung, ob ein einzelnes gemeinschaftliches Herstellungsverfahren ausreichend ist, um als Mitglied der Gemeinschaftsindustrie zu qualifizieren, das Vorliegen überwiegender firmenbezogener Aktivitäten innerhalb der USA anhand folgender Kriterien überprüft:

- Höhe und den Umfang des Kapitalinvestments des Unternehmens;
- Technisches Know-how, das in die Produktionsaktivitäten innerhalb der USA einbezogen wurde;
- Wert, der innerhalb der USA ergänzte wurde;
- Arbeitsstufen;
- die Anzahl und Arten von Teilen, die ihren Ursprung in den USA haben;
- Mengen und Typen der Teile, die in den USA in Umlauf gebracht werden;
- sämtliche andere Kosten und Aktivitäten in den USA, die direkt mit der Herstellung des *„domestic like“* Produkts in Verbindung stehen.[330]

cc) Bewertung

Sowohl in der EU als auch in den USA enthalten die nationalen Antidumpingvorschriften keine Definition des Merkmals der Gemeinschaftsindustrie. In der Praxis haben die EU-Kommission sowie die ITC zwar Kriterien herausgearbeitet, anhand derer eine Prüfung vorgenommen werden kann. Diese können allerdings nur als Indizien für die Eröffnung des Schutzbereiches der heimischen Industrie verstanden werden. Ebenso ist nicht

[329] Tietje/Kluttig, The Definition of Community Industry in EU Anti-dumping Law, in: Global Trade and Customs Journal, Vol. 3, 2008, S. 89 (98).

[330] US International Trade Commission, Antidumping and Countervailing Duty Handbook, 12th edn., 2007, S. II-34.

klar, welche der Kriterien jeweils zur Bestimmung herangezogen werden. Hier besteht die Gefahr einer *„pick and choose*[331]*“*-Anwendung, auch wenn ein Wechsel in der Anwendungspraxis der Kommissionen *„convincingly justified*[332]*“* sein muss. Wann eine solch „überzeugende Rechtfertigung“ vorliegt, ist gleichermaßen unbestimmt und auslegungsbedürftig, sodass diese Praxis als Einfallstor willkürlicher nationaler Anwendung des Merkmals der „heimischen Industrie“ zur wirtschaftlich-protektionistischen Ausweitung des (personellen) Schutzbereiches des Antidumpingrechts genutzt werden kann.
Eine klare und ausdrückliche Definition im WTO-ADÜ zum Zwecke der Transparenz und Rechtsicherheit ist daher wünschenswert.

c) Kausalität

Art. 6 WTO-ADÜ setzt voraus, dass das Dumping die Ursache der Schädigung darstellt. Der ausländische Exporteur darf nicht für eine von ihm nicht zu verantwortende Schädigung durch einen Zoll zur Verantwortung gezogen werden.[333]

Nach Art. 3.3 WTO-ADÜ sollen die Auswirkungen der gedumpten Einfuhren unter Beurteilung aller Wirtschaftsfaktoren auf den betroffenen inländischen Wirtschaftszweig geprüft werden, wobei bestimmte Faktoren aufgezählt werden. Nach Art. 3.5 WTO-ADÜ müssen die Behörden alle Faktoren, welche eine schädigende Wirkung haben, berücksichtigen.
Im Recht der Europäischen Gemeinschaft wurden die Vorschriften des WTO-ADÜ hinsichtlich der Kausalität in dem Art. 3 Abs. 5 bis Abs. 8 AD-GVO übernommen. Danach können Antidumpingmaßnahmen nur erlassen werden, wenn die Schädigung der Gemeinschaftsindustrie durch die Dumpingeinfuhren verursacht ist.[334]

Hierzu hat die Kommission nachzuweisen, dass die schlechte wirtschaftliche Lage der Gemeinschaftsindustrie auf den Auswirkungen der Einfuhrmengen

---

[331] Tietje/Kluttig, The Definition of Community Industry in EU Anti-dumping Law, in: Global Trade and Customs Journal, Vol. 3, 2008, S. 89 (95).
[332] Tietje/Kluttig, The Definition of Community Industry in EU Anti-dumping Law, in: Global Trade and Customs Journal, Vol. 3, 2008, S. 89 (95).
[333] Park, Regelung und Praxis des Antidumpingrechts, S. 127.
[334] Art. 1 Abs. 1 i.V.m. Art. 3 Abs. 6 AD-GVO.

und deren Preisniveaus beruht. Dabei sind auch andere Schadensgründe, welche die Gemeinschaftsindustrie negativ beeinflussen können, zu überprüfen, damit ihr Schadensbeitrag nicht den Dumpingeinfuhren zugerechnet wird.[335]
Die USA haben die Regelung der Kausalität in 19 U.S.C. § 1677 (7)(B)(i) und (ii) festgesetzt. Dabei wurde die Vorschrift so ausgestaltet, dass *„die Kommission andere ökonomisch relevante Faktoren bei der Feststellung der materiellen Schädigung durch die Importe berücksichtigen soll."* Die Berücksichtigung anderer Faktoren der Schädigung wurde somit nicht ausgeschlossen, woraus folgt, dass die ITC die Relevanz der jeweiligen Faktoren nach eigenem Ermessen bewerten kann.[336]

Dieses Fehlen von klaren Standards für die Feststellung einer kausalen Verbindung zwischen gedumpten Importen und der Schädigung der heimischen Industrie ist eines der Hauptprobleme des amerikanischen Antidumpingrechts. Im U.S.-Recht fehlt der Schädigungsanalyse z.B. allzu oft bereits der äußere Anschein einer analytischen Exaktheit. Jedes zufällige Zusammentreffen von steigenden Importen und sich verschlechternder Marktstellung einer heimischen Industrie kann als Basis für das Einleiten von Antidumpingmaßnahmen herangezogen werden.[337]
In den Art. 3.5 des WTO-ADÜ sollte aufgenommen werden, dass keine Schädigung festgestellt werden darf, ohne substanzielle Korrelation zwischen den erhöhten Importen und verringerten Handelsprofiten der heimischen Industrie während des Untersuchungszeitraums. In der Festsetzung dieses Erfordernisses sollte das ADÜ klarstellen, dass das Vorliegen einer solchen Korrelation für sich alleine genommen noch nicht die nötigen Voraussetzungen erfüllt.[338]

Die Prüfung der Kausalität wird aus Zeitgründen von kaum einer Behörde ernsthaft wahrgenommen. Eine genaue Definition im WTO-ADÜ ist zwecklos, wenn die gerichtlichen Überprüfungsmöglichkeiten fehlen und die Behörden

335 Art. 3 Abs. 7 AD-GVO.
336 Park, Regelung und Praxis des Antidumpingrechts, S. 128.
337 Lindsey/Ikenson, Antidumping Exposed, S. 178.
338 Lindsey/Ikenson, Antidumping Exposed, S. 178 f.

keinen ausführlichen Begründungspflichten bei ihren Entscheidungen unterliegen.[339]

Daher sollte in Art. 3.5 WTO-ADÜ das Erfordernis einer Feststellung der Antidumpingbehörden, dass der gedumpte Import für sich gesehen bereits eine Schädigung oder Drohung einer solchen, verursacht, aufgenommen werden.[340]

d) Kumulation

Betrifft ein Antidumpingverfahren mehrere Ausführer gleichzeitig, so kann der schädigende Einfluss vieler kleiner Mengen von verschiedenen Staaten/Ausführern gemeinsam untersucht werden. Die Behörden können gem. Art. 3.3 WTO-ADÜ die Auswirkungen der Importe kumulativ beurteilen. Dies ist sinnvoll, wenn für sich gesehen keine der Mengen eine Schädigung darstellen würde.

Sowohl die EU als auch die USA haben diese Regelung entsprechend in ihre nationalen Antidumpingvorschriften aufgenommen.[341]

Ein nennenswerter Unterschied liegt alleine in der Anwendungspraxis der beiden Länder. In der EU ist entgegen dem Wortlaut des Art. 3 Abs. 4 AD-GVO die Kumulation die Regel.[342] Dagegen wird in den Vereinigten Staaten meist ein Antidumpingverfahren gegen ein einzelnes Land geführt.[343]

e) Unbedeutende Importe

Art. 5.8 des WTO-ADÜ bestimmt, dass die Menge der gedumpten Importe aus einem gesonderten Land nicht unbedeutend *„negligible"* sein darf. Weiter schlägt die Vorschrift vor, dass Importe *normalerweise* dann als unwesentlich betrachtet werden können, wenn sie weniger als 3% aller Importe des *„like product"* ausmachen.

Die USA haben diese Vorschrift entsprechend umgesetzt.[344] Allerdings ist die ITC angehalten die Regel nicht anzuwenden, wenn sie feststellt ,

---

[339] Park, Regelung und Praxis des Antidumpingrechts, S. 131.

[340] Lindsey/Ikenson, Antidumping Exposed, S. 180.

[341] EU: Art. 3 Abs. 4 AD-GVO, USA: 19 U.S.C. § 1677 (7)(G).

[342] EuGH, Rs. 294/86 u. 77/87, *Technointorg/Kommission u. Rat*, Slg. 1988, S. 6077, 6116, Rn. 41.

[343] Park, Regelung und Praxis des Antidumpingrechts, S. 133.

[344] 19 U.S.C. § 1677(24).

"that there is a potential, that imports from a country that individually accounts for less than 3 percent of the total volume of the subject merchandise during the applicable 12-month period will imminently account for more than 3 percent of such volume or that the aggregate volume of imports from all countries that individually meet the 3-percent standard for negligibility will imminently exceed 7 percent of such volume."[345]

Die EU dagegen hat eine völlig andere Regelung erlassen. Sie hat bei ihrer Prüfung auf einen Prozentsatz des Gemeinschaftsmarktes abgestellt und nicht auf den der Exporte. Art. 9 Abs. 3 der AD-GVO stellt klar, dass diese Methode „normalerweise" gilt.
Die Vorschrift verweist auf den Art. 5 Abs. 7 AD-GVO und setzt somit voraus, dass die einzelnen Importe mind. 1% oder die Importe mehrerer Ausführer zusammen 7% des Marktanteils der Gemeinschaft ausmachen. Die Voraussetzungen der Gemeinschaft sind sowohl logischer als auch sensibler als die Vorgaben der WTO-ADÜ (und damit auch des U.S.-Rechts), weil letztere zu dem paradoxen Ergebnis führen, dass je effektiver eine Industrie bereits vor Importen geschützt ist, desto einfacher es wird, zu zeigen, dass die Importe nicht unbedeutend sind.[346]

5. Gemeinschaftsinteresse

Trotz des Dumpingtatbestands und einer Schädigung ist denkbar, dass aus anderen Gründen ein Antidumpingzoll gegenüber dem Unternehmen nicht auferlegt wird. Dies kann z.B. aus entwicklungspolitischen Gründen gegenüber bestimmten Staaten der Fall sein.

a) Der „public-interest-test"

Einige WTO-Mitgliedstaaten haben einen *„public-interest-test"* in ihre Antidumpingverordnungen inkorporiert. Die Grundidee hinter solch einer Gemeinschaftsinteressen-Vorschrift ist, Antidumpingmaßnahmen zu erlauben, anstatt dazu zu verpflichten.[347]

---

345 US International Trade Commission, Antidumping and Countervailing Duty Handbook, S. II-40.

346 Stenbrook/Bentley, Antidumping and Subsidies, S. 117.

347 Lindsey/Ikenson, Antidumping Exposed, S. 191.

Auch die Europäische Gemeinschaft hat eine solche Klausel in ihr Antidumpingrecht aufgenommen. Art. 21 AD-GVO verlangt, dass jeder Antidumpingzoll im Interesse der Gemeinschaft liegen muss. Eine Besonderheit dabei ist, dass die Auferlegung des Antidumpingzolls in der EU nach einer Abwägung aller betroffenen Interessen erfolgt. Sowohl die Interessen der heimischen Industrie, als auch die der Konsumenten und Verbraucher sollen in die Entscheidung mit einfließen. Ferner sollen die Interessen der Schlüsselindustrien, der strukturschwachen Industrien und die wirtschaftlichen und politischen Gründe der im Verfahren betroffenen Staaten berücksichtigt werden.[348]

Dabei muss beachtet werden, dass die Gemeinschaftsinteressen solche von 27 Mitgliedstaaten als Ganzes beinhalten. Das Gemeinschaftsinteresse darf weder mit den nationalen Interessen von individuellen Mitgliedstaaten verwechselt werden, noch sollte es als bloße Summe von Interessen der einzelnen Mitgliedstaaten betrachtet werden.[349]

Das gegenwärtige WTO-ADÜ regelt weder eine Form des *„public-interest-test"*, noch eine weniger spezifische Beschreibung davon, wie ein solcher Test angewandt werden sollte. Folglich haben viele WTO-Mitglieder überhaupt keine *„public-interest-clause"* in ihren Antidumpinggesetzen. Dazu zählen auch die USA.

Dennoch ist zu erwähnen, dass die ITC in ihrem Bericht über Marktstörungen auch Elemente beschreibt, welche in der Europäischen Union unter dem Aspekt des Gemeinschaftsinteresses betrachtet würden.

Beispielsweise Kurz- und Langzeiteffekte, die die vorgeschlagenen Maßnahmen voraussichtlich auf Gemeinschaftsindustrie, Anwender und Verbraucher haben werden, sowie Kurz- und Langzeiteffekte der Nichtanwendung einer Maßnahme auf die Industrie, ihre Mitarbeiter, die Gemeinschaften, in denen sich die Produktionsstädten befinden und andere Gemeinschaftsindustrien. Der wesentliche Unterschied scheint zu sein, dass die ITC lediglich die Interessen von Gruppen wie Konsumenten beachtet, diese aber nicht gegen den potentiellen Nutzen für die Gemeinschaftsindustrie

---

348 Park, Regelung und Praxis des Antidumpingrechts, S. 134 f.

349 Sinnaeve, The Community Interest Test in Anti-dumping Investigations: Time for Reform?, in: Global Trade and Customs Journal, 2, 2007, S. 157 (160).

abwägt, wenn sie ihren Vorschlag ausarbeitet. Dennoch können diese Interessen als Faktenbasis für die spätere Entscheidung des Präsidenten gesehen werden, obwohl letztere eine breitere Spanne von Faktoren berücksichtigt.[350]
Dieses Fehlen der Prüfung des Gemeinschaftsinteresses ist eine große Schwachstelle des U.S.-Antidumpingrechts, da dieser Test einen wichtigen Schritt zur Begrenzung der nationalen Antidumpingmaßnahmen darstellt.[351]

b) Problematik der Interessenabwägung

Allerdings ist die Abwägung widerstreitender Interessen ihrerseits nicht unproblematisch. Die Entscheidung liegt stets im politischen Ermessen der Gemeinschaftsorgane, denen die Kriterien Nutzen und Erforderlichkeit des Schutzes für die antragstellende Industrie, Preisinzidenz und das Folgeprodukt sowie wirtschaftliches und strategisches Gewicht der beiden Industriezweige als Orientierungshilfe dienen.[352]

Auch Verbraucherinteressen können Abwehrmaßnahmen entgegenstehen. Dabei ist jedoch unbeachtlich, dass die Allgemeinheit, die bislang von den Dumpingpreisen profitiert hat, sich wieder auf normale (also höhere) Wettbewerbspreise einzustellen hat. Insoweit hat die Bekämpfung unfairer und schädigender Handelspraktiken Vorrang. Im Extremfall jedoch können Verbaucherinteressen die Schutzbedürfnisse der europäischen Industrie überwiegen, z.B. dann, wenn ein Zusatzzoll zugunsten einer relativ unbedeutenden Verarbeitungsindustrie mit nur geringem Beschäftigungspotenzial die Versorgung der gesamten Bevölkerung mit bestimmten Grundnahrungsmitteln verteuern würde.[353]
Allgemeine konjunkturpolitische Erwägungen werden grundsätzlich unberücksichtigt bleiben, da der nur einzelne Erzeugnisse betreffenden Dumpingabwehr keine dämpfende oder ankurbelnde Wirkung auf die allgemeine wirtschaftliche Lage zukommt.[354]

---

350 Sinnaeve, The Community Interest Test in Anti-dumping Investigations: Time for Reform?, in: Global Trade and Customs Journal, 2, 2007, S. 157 (173).
351 Park, Regelung und Praxis des Antidumpingrechts, S. 138.
352 Beseler, Die Abwehr von Dumping, S. 110.
353 Beseler, Die Abwehr von Dumping, S. 110.
354 Beseler, Die Abwehr von Dumping, S. 110.

Auch handelspolitische Aspekte können von Bedeutung sein, wenn sie auf die Erhaltung und Ausweitung des Handels gerichtet sind und daher ein natürliches Gegengewicht gegen alle wie auch immer begründeten Schutzinteressen bilden. Darüber hinaus ist die besondere Lage der Entwicklungsländer zu berücksichtigen.[355]

Allerdings darf die Interessenabwägung nicht zu einer Politisierung des Vorgehens führen. Gegen jede geplante handelspolitische Abwehrmaßnahme – ganz gleich gegenüber welchem Land – werden mehr oder weniger gewichtige politische Gründe geltend gemacht. Ihre Berücksichtigung würde zu einem Immobilismus führen, der das Instrument der Antidumpingzölle von vornherein überflüssig machte. Dies läge weder im Sinne der WTO-Regeln, noch des Gemeinschaftsrechts. Die Abwehr von Dumping muss daher politisch wertneutral sein.[356]

Mittlerweile mussten sogar harte Gegner solcher Klauseln zugeben, dass diese Regelung dabei hilft, Kosten zu sparen. Antidumpinguntersuchungen enthalten mehr, als einen Streit zwischen der Gemeinschaftsindustrie und ihren ausländischen Konkurrenten; sie beinhalten immer auch einen Konflikt von Interessen zwischen der Gemeinschaftsindustrie und anderen Gemeinschaftsindustrien.[357] Ein Antidumpinggesetz ohne *„public-interest“*-Regelung versagt dabei, diese Interessenkonflikte zu berücksichtigen. Wenn stark betroffene Interessen in dem Entscheidungsprozess systematisch ignoriert werden, ist es kaum wahrscheinlich, dass die daraus entstehende Politik einen optimalen Ausgleich aller betroffenen Interessen widerspiegeln wird.[358]

Aus diesem Grund sollte in Art. 9.1 WTO-ADÜ eine Anwendung der *„public-interest-clause“* vorausgesetzt werden. Dies wäre ein wichtiger Schritt zur Verbesserung des Antidumpingrechts.

6. Bewertung

Von einer rechtlichen Abweichung der nationalen Umsetzungen im Hinblick auf das WTO-ADÜ kann grundsätzlich nicht gesprochen werden. Die Verordnungen und nationalen Gesetze ermöglichen Spielräume und Ermessen

355 Beseler, Die Abwehr von Dumping, S. 111.
356 Beseler, Die Abwehr von Dumping, S. 111.
357 Lindsey/Ikenson, Antidumping Exposed, S. 191.
358 Lindsey/Ikenson, Antidumping Exposed, S. 192.

in den Auslegungen. Die zuständigen Organe halten sich an diesen rechtlichen Rahmen. Sowohl das U.S.-Recht, als auch das Recht der Europäischen Gemeinschaft verfügt in seinen Regelungen jeweils über Stärken aber auch Schwächen.

IV. Das Antidumpingverfahren

Neben diesen materiellen Voraussetzungen des Antidumpingrechts sind die Verfahrensvorschriften von großer Bedeutung. Mit der Uruguay-Runde wurde das Verfahrensrecht des Antidumpings verändert, um die Transparenz und Fairness der Maßnahmen zu verbessern. Obgleich sich die materiellen Regelungen der nationalen Antidumpingmaßnahmen durch die Vorgaben des WTO-ADÜ einander angeglichen haben, sind die Verfahrensvorschriften stärker von nationalen Besonderheiten geprägt.[359]

1. Allgemeiner Ablauf

Die nationalen Verfahren des Antidumpings in der EU und den USA weisen zwar einige systematische Parallelen auf, doch gibt es in den jeweiligen Verfahren zur Festsetzung der Antidumpingzölle einige wesentliche Unterschiede. Folgend soll ein kurzer Überblick über die nationalen Antidumpingverfahren innerhalb der EU und den USA gegeben werden.

Im EG-Recht ist das Antidumpingverfahren detailliert in der AD-GVO geregelt. Das Verfahren wird in erster Linie durch einen schriftlichen Antrag bei der Kommission eingeleitet.[360] Diese ist für die Durchführung des Verfahrens zuständig,[361] wodurch der Vorgang als Wirtschaftsverwaltungsverfahren eingestuft werden kann,[362] wenngleich der Europäische Rat den Erlass endgültiger Maßnahmen in Verordnungsform beschließt.[363] Zur Sachverhaltsermittlung sind in zahlreichen Einzelvorschriften

359 Park, Regelung und Praxis des Antidumpingrechts, S. 141.
360 Art. 5 Abs. 1 AD-GVO.
361 Art. 5 und 6 AD-GVO.
362 Düker, Rechtschutz gegen Antidumpingmaßnahmen der Europäischen Gemeinschaft, S. 70.
363 Art. 9 Abs. 4 AD-GVO.

Beteiligungsrechte für die von einem Antidumpingverfahren betroffenen Unternehmen und Verbänden geregelt.[364]
In den Vereinigten Staaten untersucht die International Trade Agency des Department of Commerce (DOC) den Dumpingtatbestand und die International Trade Commission (ITC) geht der Frage nach, ob eine Schädigung der US-Industrie vorliegt. Der Antrag muss gleichzeitig bei dem DOC und der ITC gestellt werden.[365] Letztere prüft die Hinweise auf die Schädigung der heimischen Industrie und ist dabei unabhängige Behörde, sodass im Gegensatz zum europäischen Recht, in dem Kommission, Rat und Beratender Ausschuss einander konsultieren, keine Möglichkeit zur direkten politischen Beeinflussung besteht. Die Beteiligten können während der Anhörungen ihre Standpunkte darlegen.[366]

Im Gegensatz zum europäischen Antidumpingrecht sind in den USA für die Untersuchung und die Entscheidung somit zwei verschiedene Behörden zuständig, womit insoweit von einer Zweigliedrigkeit des amerikanischen Antidumpingverfahrens gesprochen werden kann. Zwar ist im EG-Recht der Rat für die endgültige Entscheidung zuständig und der Beratende Ausschuss muss gehört werden, doch ist für sämtliche Überprüfungen der materiellen Voraussetzungen und die eigentliche Entscheidung ausschließlich die Kommission verantwortlich. Gemein ist beiden Rechtsordnungen, dass die untersuchende Behörde letztlich auch die Entscheidung über die Festsetzung der Antidumpingzölle vornimmt.[367]

2. Verfahrenseinleitung

Nach Art. 5.4 WTO-ADÜ bedarf es zur Einleitung eines Antidumpingverfahrens eines Antrags von mindestens der Hälfte der Industrie, deren Produktion mehr als 50% der inländischen Gesamtproduktion des Wirtschaftszweigs beträgt. Das Verfahren wird nicht eingeleitet, wenn nicht mindestens 25% der Hersteller der Gesamtproduktion gleichartiger Waren des inländischen Wirtschaftszweiges den Antrag unterstützen.

---

364 Düker, Rechtschutz gegen Antidumpingmaßnahmen der Europäischen Gemeinschaft, S. 70.

365 19 U.S.C. § 1673 (a)(b).

366 Park, Regelung und Praxis des Antidumpingrechts, S. 143.

367 Park, Regelung und Praxis des Antidumpingrechts, S. 145.

Die Europäische Union und die Vereinigten Staaten haben diese Regelung des WTO-ADÜ entsprechend übernommen. Demnach ist Voraussetzung, dass der Antragsteller im Namen einer inländischen Industrie handelt.[368] Im U.S.-Recht muss der Antragsteller darüber hinaus eine Verbindung zu dem Industriezweig, dessen Beeinträchtigung er behauptet, nachweisen.[369]
Der Antrag muss von inländischen Herstellern unterstützt werden, die mindestens 25% der Gesamtproduktion des Wirtschaftszweigs auf sich vereinigen können, und die ausdrücklich ablehnenden Hersteller nicht mehr als 50% Prozent der gesamten Produktion repräsentieren.[370]

Zum Kreis der Antragsberechtigten gehören inländische Hersteller und Großhändler, Handelsvereinigungen und Dachorganisationen des jeweiligen Industrie- und Handelszweiges.[371] In den USA können bei bestimmten WTO-Mitgliedern auch Beschäftigte inländischer Hersteller der gleichartigen Ware oder Vertreter dieser Beschäftigten einen Antrag auf Einleitung einer Untersuchung stellen. Diese Regelung ist in der Fußnote 14 zu Art. 5.4 WTO-ADÜ enthalten und wurde dementsprechend von den USA umgesetzt. Die EU-Antidumpinggesetzgebung enthält eine solche Regelung dagegen nicht.[372]
Der Antrag muss sowohl das Dumping glaubhaft darlegen als auch eine Beeinträchtigung dadurch.[373] Dabei sind in der EG zwar Beweise für das Vorliegen von Dumping zu erbringen, diese Beweispflicht des Antragsstellers beschränkt sich allerdings auf „üblicherweise zu Verfügung stehende Informationen"[374], sodass hier im Ergebnis kein bedeutender Unterschied zum U.S.-Recht besteht.
Nach beiden Rechtsordnungen verfügen die Behörden über die Möglichkeit, ein Antidumpingverfahren auch von Amts wegen einzuleiten, wenn genügend Hinweise auf das Vorliegen einer Schädigung vorliegen.[375]
In den USA muss der Antrag auf Verfahrenseröffnung gleichzeitig bei dem DOC und der ITC eingereicht werden, wobei das DOC innerhalb von 20 Tagen

---

368 EU: Art. 5 Abs. 4 AD-GVO; USA: 19 U.S.C. § 1673 a (b).
369 USA: U.S.C. § 1673 a (b).
370 EU: Art. 5 Abs. 4 AD-GVO; USA: 19 U.S.C. § 1673 a (c)(4)(A).
371 EU: Art. 5 Abs. 4 AD-GVO; USA: 19 U.S.C. § 1673 a (b).
372 Vgl. dazu Schübel, in: Grabitz/Hilf, E 6, Art. 5, Rn. 5.
373 EU: Art. 5 Abs. 2 AD-GVO; USA: 19 U.S.C. § 1673 a (a).
374 Diese werden in Art. 5 Abs. 2 lit. a)-d) AD-GVO konkretisiert.
375 EU: Art. 5 Abs. 6 AD-GVO; USA: 19 U.S.C. § 1673 a (a).

entscheidet, ob der Antrag die Basisvoraussetzungen eines Antidumping-Antrags erfüllt.[376] In der EU dagegen muss der Antrag nur bei der Kommission eingereicht werden.[377]

Ein wichtiger Unterschied zwischen den Regelungen im U.S.-Recht und dem EU-Recht ist die Tatsache, dass in den USA der DOC, wurde der Antrag auf Verfahrenseinleitung ordnungsgemäß gestellt, kein Ermessen bleibt, den Antrag abzulehnen.[378] Im europäischen Recht eröffnet der „*public-interest-test*" die Möglichkeit, aus Gründen des Gemeinwohlinteresses von einem Verfahren abzusehen.

Somit bleibt festzuhalten, dass es im Ergebnis kaum einen nennenswerten Unterschied innerhalb der Vorschriften für die Einleitung des Antidumpingverfahrens zwischen EU- und U.S.-Recht gibt.

3. Antidumpinguntersuchung

a) Voruntersuchung

aa) Voruntersuchung der Europäischen Kommission

Wird ein Antrag auf Einleitung eines Antidumpingverfahrens gestellt, überprüft die Kommission gem. Art. 5 Abs. 1 AD-GVO die Richtigkeit und Stichhaltigkeit der Angaben und mithin die generellen Erfolgsaussichten bzw. die Erforderlichkeit eines Verfahrens, bevor die Wirtschaftsteilnehmer mit dem formellen Untersuchungsverfahren belastet werden. Ergibt sich ein Anfangsverdacht, beschließt die Kommission nach Konsultationen mit den Mitgliedstaaten im Beratenden Ausschuss[379] die Verfahrenseröffnung.[380] Die Kommission kann auch gegen das Votum der Mitgliedstaaten die Beschwerde annehmen und das Verfahren eröffnen. Der Entschluss einer Verfahrenseinleitung muss gem. Art. 5 Abs. 9 AD-GVO spätestens 45 Tage

---

376 Das DOC hat allerdings die Möglichkeit, die Frist zur Entscheidung in „*exceptional circumstances*" um bis zu 20 Tage zu verlängern, um die Meinung der Industrie einzuholen, 19 U.S.C. §§ 1671a(c) and 1673a(c); vgl.: US International Trade Commission, Antidumping and Countervailing Duty Handbook, S. II-3, Fn. 1.

377 EU: Art. 5 Abs. 4 AD-GVO; USA: 19 U.S.C. § 1673 a (b).

378 v. Baum, Das Antidumpingverfahren in den USA, in: ZfZ 1996, S. 233 (239).

379 Art. 5 Abs. 9 i.V.m. Art. 15 AD-GVO.

380 Art. 5 Abs. 1 AD-GVO.

nach Einreichung der Beschwerde gefällt und anschließend im Amtsblatt veröffentlicht werden. Diese Frist ist jedoch keine Ausschlussfrist.[381]
Kommt die Kommission nach Beratung mit den Mitgliedstaaten zu dem Schluss, dass kein ausreichender Verdacht auf Dumping oder eine Schädigung vorliegt, so hat sie die Beschwerdeführer hierüber zu unterrichten. Halten diese dennoch ihre Beschwerde aufrecht, so ist diese Beschwerde durch Kommissionsentscheidung abzuweisen.[382]

bb) Voruntersuchung der ITC

Die Voruntersuchung in den USA wird von der ITC übernommen und von einem Ausschuss bearbeitet, der sich aus einem sechsköpfigen Team bestehend aus Betriebs- und Volkswirtschaftlern sowie Juristen zusammensetzt.[383]
Die ITC versendet Fragebögen an US-Industrieunternehmen, trifft sich mit den Verfahrensbeteiligten und wertet ihre Stellungnahmen aus. Nach ca. 21 Tagen setzt die ITC eine Anhörung an, die das Kernstück der Voruntersuchung bildet.[384] Hier können die Beteiligten ihre Sicht der Dinge präsentieren, Zeugen befragen, Sachverständigengutachten vorlegen und diskutieren. Mangels gesetzlicher Grundlagen hat die Anhörung eher informellen Charakter.[385]

Nach 45 Tagen[386] (ab Antragstellung) muss die ITC ihre Vorentscheidung getroffen haben. Verneint sie die materielle Schädigung oder die Gefahr einer solchen, wird das Verfahren beendet. Andernfalls erlässt die ITC eine positive Entscheidung, dass die materielle Schädigung vorliegt. In diesem Falle ist die Entscheidung allerdings nur vorläufig, da der kurz bemessene Untersuchungszeitraum keine detaillierte Untersuchung zulässt.[387]

---

381 Schübel, in: Grabitz/Hilf, E 6, Art. 5, Rn. 12.

382 Schübel, in: Grabitz/Hilf, E 6, Art. 5, Rn. 15.

383 US International Trade Commission, Antidumping and Countervailing Duty Handbook, S. III-11.

384 Mastel, Antidumping Laws and the U.S. Economy, S. 11.

385 v. Baum, Das Antidumpingverfahren in den USA, in: ZfZ 1996, S. 233 (240).

386 Oder wenn die Frist für die Entscheidung bzgl. der Verfahrenseinleitung vom ITC verlängert wurde, innerhalb von 25 Tagen seit der Mitteilung der Verfahrenseröffnung des DOC, vgl: US International Trade Commission, Antidumping and Countervailing Duty Handbook, S. II-3, Fn. 2.

387 v. Baum, Das Antidumpingverfahren in den USA, in: ZfZ 1996, S. 233 (240); Mastel, Antidumping Laws and the U.S. Economy, S. 11 f.

Daher spricht das Gesetz von „nachvollziehbaren Anzeichen“ *(„reasonable indication“)* für eine materielle Beeinträchtigung.[388]
Die ITC führt in der Regel eine summarische Prüfung durch. Nur wenn diese ergibt, dass die vorgelegten Unterlagen und bisher Ermittelten Ergebnisse keinen Beweis für eine materielle Schädigung zulassen und ein solcher Beweis künftig auch nicht zu erwarten ist, kann das Verfahren eingestellt werden.[389]
Dabei ist die ITC generell weniger rigoros in der Anwendung des *„injury-test“*, vor dem Hintergrund, dass diese Entscheidung nur eine vorläufige ist.[390] In der Regel fällt die ITC daher eine positive Entscheidung.[391]

cc) Bewertung

Die Voruntersuchungen in den USA und der EU unterscheiden sicht nicht wesentlich voneinander.
Der Zeitraum bis zur Entscheidung über die Einleitung des Verfahrens beträgt in beiden Rechtsordnungen 45 Tage und sowohl in der EU als auch in den USA muss ein Dumping sowie eine materielle Beeinträchtigung festgestellt werden. Bei dieser Feststellung handelt es sich beiderseits um summarische Prüfungen, wobei sich das Erfordernis der USA der „nachvollziehbaren Anzeichen“ sowie das der EU des „Anfangsverdachtes“ bzgl. Dumping und Schädigung, entsprechen dürften, da sie beide die generellen Erfolgsaussichten des Verfahrens implizieren.

Sowohl die Kommission als auch die ITC ziehen einen Ausschuss zur umfassenden Beratung heran. Allerdings ist zu bemerken, dass die ITC einen Ausschuss zusammengesetzt aus Juristen und (Volks-) Wirtschaftswissenschaftlern anruft, also Interessenvertreter der nationalen Wirtschaft bzw. Vertreter mit staats-ökonomisch geprägtem Hintergrund. Der Beratende Ausschuss der EU wird durch Vertreter der Mitgliedstaaten gebildet. Diese sollten ein oder mehrere erfahrene Beamte aus dem für Außenhandelspolitik zuständigen Ministerium des Mitgliedstaates sein, jedoch keine Vertreter von Wirtschafts- oder anderen Verbänden.[392] Aus diesem Grund

388 19 U.S.C. § 1673 b (a).
389 v. Baum, Das Antidumpingverfahren in den USA, in: ZfZ 1996, S. 233 (240).
390 Mastel, Antidumping Laws and the U.S. Economy, S. 11.
391 v. Baum, Das Antidumpingverfahren in den USA, in: ZfZ 1996, S. 233 (240).
392 Schübel, in: Grabitz/Hilf, E 6, Art. 15, Rn. 5.

dürfte dem Ausschuss der USA grundsätzlich ein größeres Bestreben zukommen, die inländische Wirtschaft zu fördern und deren Belange zu berücksichtigen und damit im Ergebnis stärkere protektionistische Mechanismen des Antidumpingrechts zu bedienen.

b) Vorläufige Untersuchung

aa) Vorläufige Untersuchung durch die EU-Kommission

Nach der Voruntersuchung für die Verfahrenseröffnung beginnt die Europäische Kommission mit der eigentlichen Untersuchung des Falles. Grundlage der Ermittlungen bilden fallspezifisch konzipierte Fragebögen, die die Kommission an die Beteiligten schickt und die innerhalb einer mindestens 30 Tage währenden Frist beantwortet werden sollen.[393] Die Beantwortung erfolgt auf freiwilliger Basis.[394]

Weigern sich die Parteien, kann die Kommission zur Feststellung des Sachverhalts alle anderen verfügbaren Informationen heranziehen, was sich nachteilig für die betreffenden Unternehmen auswirken kann.[395]

Parteien, die sich fristgerecht gemeldet haben, werden angehört und ihre Stellungnahmen sowie ihre Antworten aus den Fragbögen ausgewertet. Die Richtigkeit der gemachten Angaben kann die Kommission durch Kontrollbesuche in den Geschäftsräumen der Unternehmen überprüfen.[396] Solch eine Kontrolle setzt allerdings die Zustimmung der betroffenen Ausführer und das zumindest konkludente Einverständnis des Drittstaates voraus. Neben einer Anhörung vor der Kommission können die antragstellende Gemeinschaftsindustrie, die Ein- und Ausführer sowie die Vertreter der Ausfuhrstaaten ihre Meinungen im Rahmen sog. „Konfrontationstreffen“ austauschen.[397] eine Teilnahmepflicht an diesen Zusammenkünften besteht nicht.[398]

---

393 Art. 6 Abs. 2 AD-GVO.

394 Düker, Rechtschutz gegen Antidumpingmaßnahmen der Europäischen Gemeinschaft, S. 73.

395 Art. 18 AD-GVO.

396 Art. 16 AD-GVO.

397 Art. 6 Abs. 5 AD-GVO.

398 Düker, Rechtschutz gegen Antidumpingmaßnahmen der Europäischen Gemeinschaft, S. 74.

Die am Verfahren beteiligten Parteien können auf Antrag Einsicht in die fallbezogenen Unterlagen verlangen, sofern diese nicht vertraulich sind, und Stellung dazu nehmen.[399]
Das Untersuchungsverfahren soll innerhalb eines Jahres und muss innerhalb von 15 Monaten abgeschlossen sein.[400]
Diese Regelung enthält eine grundlegende Neuerung im Vergleich zur Vorgänger-GVO Nr. 2423/88[401], da den bisherigen *„soft deadlines"* zumindest für Neuverfahren ein Ende gesetzt wurde.[402]
Art. 6 Abs. 9 AD-GVO enthält jedoch keine Bestimmung hinsichtlich der Auswirkungen einer Fristüberschreitung. Es erscheint aber wahrscheinlich, dass eine solche Fristübertretung eine Verhängung von Maßnahmen jedweder Art unmöglich macht.[403]

Stellt die Europäische Kommission nach diesem ersten Abschnitt der Untersuchung vorläufig fest, dass Dumping vorliegt und ein Wirtschaftszweig der Gemeinschaft dadurch geschädigt wird, so können vorläufige Antidumpingzölle festgesetzt werden, sofern das Gemeinschaftsinteresse nicht widerspricht. Dies kann frühestens 60 Tage und spätestens neun Monate nach Einleitung des Verfahrens geschehen. Dabei ist wiederum der beratende Antidumpingausschuss zu beteiligen. Eine Maßnahme der Kommission kann mit qualifizierter Mehrheit wieder aufgehoben werden.[404]

bb) Vorläufige Untersuchung des DOC

In dem amerikanischen Antidumpingverfahren geht mit dem Ergehen einer positiven Entscheidung der ITC die Untersuchungskompetenz auf das DOC über. In diesem zweiten Verfahrensabschnitt wird der Frage nachgegangen, ob der Absatz der Waren auf dem amerikanischen Markt unterhalb des Marktwertes stattfindet, also *„less than fair value" (LTFV)* verkauft wurde.[405]

---

399 Art. 6 Abs. 7 AD-GVO.
400 Art. 6 Abs. 9 AD-GVO.
401 ABl. 1988 L 209.
402 Schübel, in: Grabitz/Hilf, E 6, Art. 6, Rn. 15.
403 Schübel, in: Grabitz/Hilf, E 6, Art. 6, Rn. 17.
404 Art. 7 Abs. 6 AD-GVO.
405 v. Baum, Das Antidumpingverfahren in den USA, in: ZfZ 1996, S. 233 (240).

(1) „Preliminary LTFV Determination“

160 Tage nach Beginn des Verfahrens hat das DOC darüber vorläufig zu entscheiden *(„preliminary LTFV determination“)*.[406] Die Anforderungen an die Intensität der Untersuchungen sind – ähnlich wie beim Vorverfahren der ITC – nicht allzu hoch.[407]
Das Gesetz bestimmt den Standard danach, ob es eine nachvollziehbare Grundlage für die Annahme oder den Verdacht gibt, dass Waren unterhalb des *„fair value“* gehandelt werden.[408]
Somit muss ein Verkauf unterhalb des Normalwertes noch nicht endgültig feststehen. Dennoch werden durch das DOC intensive Untersuchungen durchgeführt, um diese Beurteilung vornehmen zu können. In der Praxis hat sich ein sehr ausführlicher Fragebogen *(„questionnaire“)* bewährt, der an die betroffenen ausländischen Produzenten und Exporteure geschickt wird und dessen Antworten die wesentliche Basis für die Entscheidung des DOC bilden.[409]

In diesem Fragebogen erhebt das DOC zunächst Informationen über die allgemeine wirtschaftliche und rechtliche Struktur des Unternehmens, über den U.S.-Verkaufspreis und schließlich über den *„home market price“*. Gem. 19 U.S.C. § 1677 e hat das DOC jede vom Unternehmen mitgeteilte Information auf seine Richtigkeit zu überprüfen. Diese *„verification“* wird durch Beamte des DOC an Ort und Stelle durch Einblick in die Bücher des Unternehmens durchgeführt. Zwar kann die Verifikation nicht erzwungen werden, da es an einer Eingriffsgrundlage für solche Maßnahmen fehlt, doch sorgt die ansonsten anwendbare *„best-information-available-rule“* für den notwendigen beugenden Druck auf die Verfahrensbeteiligten.[410]
Um eine Beschleunigung des Verfahrens zur erreichen, kann auf die *„verification“* verzichtet werden, wenn dem Antragsteller zuvor alle nicht vertraulichen Informationen, die das DOC gesammelt hat, mitgeteilt werden und er dem Verzicht zustimmt.[411]

---

406 vgl. Mastel, Antidumping Laws and the U.S. Economy, S. 11.
407 v. Baum, Das Antidumpingverfahren in den USA, in: ZfZ 1996, S. 233 (240).
408 19 U.S.C. § 1673 b (b)(1).
409 Ausführliche Darstellung zum *„Questionnaire“* siehe: Lindsey/Ikenson, Antidumping Exposed, S. 4 ff.
410 v. Baum, Das Antidumping-Verfahren in den USA, in: ZfZ 1996, S. 233 (240).
411 19 U.S.C. § 1673 b (b)(2).

Das DOC hat 115 Tage[412] von der Feststellung der Schädigung in der Voruntersuchung ab bzw. 160 Tage ab Stellung des Antrags auf Einleitung des Verfahrens Zeit, zu einer ersten Einschätzung bzgl. der Schädigung zu kommen. Eine negative Feststellung beendet das Verfahren zu diesem Zeitpunkt jedoch nicht.[413]

Bei einer positiven Entscheidung *(„affirmative preliminary injury determination")* ist das DOC jedoch verpflichtet, vorläufige Maßnahmen zu ergreifen.

(2) „Final LTFV determination"

Nach dieser ersten vorläufigen Entscheidung sammelt das DOC weitere Informationen bzgl. seiner ersten Einschätzung und fällt seine endgültige Entscheidung hinsichtlich der Schädigung durch Dumping *(„final LTFV injury determination").* Diese endgültige Entscheidung trifft das DOC i.d.R. nicht später als 75 Tage[414] nach seiner vorläufigen Entscheidung bzw. nicht später als 235 Tage nach Antragstellung auf Verfahrenseröffnung. Fällt die *„final LTFV determination"* negativ aus, dann ist das Verfahren beendet. Stellt das DOC eine endgültige *„LTFV injury"* fest, dann wird die Abwicklung der Zollanmeldungen für alle Waren des beteiligten Exporteurs vorübergehend gestoppt *(„suspension of liquidation").*[415]

---

412 Das DOC hat die Möglichkeit, die Frist um bis zu 50 Tage zu verlängern. Dies kann es entweder (1) auf Verlangen einer der Beteiligten, wenn dieses mindestens 25 Tage vor Ablauf der ursprünglichen Entscheidungsfrist vorgebracht wurde oder (2) wenn das DOC die Untersuchung für außergewöhnlich kompliziert hält. Das DOC wird diesem Verlangen entsprechen, es sei denn, es hat „zwingende Gründe" dies zu verweigern. Vgl.: *Commerce Rule* 351.205(b) und (e) (19 C.F.R. § 351.205(b) und (e)); vgl. dazu: US International Trade Commission, Antidumping and Countervailing Duty Handbook, S. II-3, Fn. 3.

413 Mastel, Antidumping Laws and the U.S. Economy, S. 11.

414 Das DOC hat die Möglichkeit die Frist um bis zu 60 Tage zu verlängern. Dies kann es auf Verlangen entweder (1) des Antragstellers, wenn die vorläufige Entscheidung negativ ausgefallen ist oder (2) der ausländischen Hersteller oder Importeure, wenn die Entscheidung positiv (bzgl. der *LTFV injury*) ausgefallen ist, und wenn das Verlangen vor Ablauf des ursprünglichen Entscheidungsdatums vorgebracht wurde. Das DOC wird diesem Verlangen entsprechen, es sei denn, es hat „zwingende Gründe" dies zu verweigern, vgl.: *Commerce rule* 351.210(b) und (e) (19 C.F.R. § 351.210(b) und (e)); vgl. dazu: US International Trade Commission, Antidumping and Countervailing Duty Handbook, S. II-3 f., Fn. 4.

415 v. Baum, Das Antidumping-Verfahren in den USA, in: ZfZ 1996, S. 233 (240).

Die Waren können dann nur durch die Hinterlegung eines Barbetrags, der der vorläufig festgestellten Dumpingmarge entspricht, ausgelöst werden. Der betroffene Exporteur kann nach der Veröffentlichung der Entscheidung des DOC eine sog. *„disclosure conference"* beantragen, in der das DOC die Grundlagen seiner Entscheidung offen legen muss.[416]

Grundsätzlich wirken Zollauflagen dieser Art nur für die Zukunft. Allerdings können die Maßnahmen Rückwirkung auf frühere Importe entfalten, wenn besondere „kritische Umstände" festgestellt werden.[417] In solch einem Fall wird auch die Zollabwicklung der Waren vorläufig gestoppt und eine Kaution für die Waren festgesetzt, die 90 Tage vor der Veröffentlichung der DOC-Entscheidung den US-Zoll erreichten[418]. „Kritische Umstände" liegen gem. 19 U.S.C. § 1673 b (c) vor, wenn (1) der Import dieser Waren in kurzer Zeit in hohem Maße angestiegen ist *und* (2) das jeweilige Produkt schon längere Zeit zu Dumpingpreisen auf dem amerikanischen oder einem anderen Markt angeboten wurde (*„history of dumping"*) oder der Importeur wusste oder wissen musste, dass die Produkte unter dem Marktwert verkauft werden sollen. Die Kenntnis oder fahrlässige Unkenntnis des Importeurs wird vermutet, wenn die Dumpingmarge 25% oder höher ist.[419]

c) Endentscheidungen der Behörden

aa) Die Endentscheidung der Europäischen Kommission

Das Untersuchungsverfahren der Europäischen Kommission wird entweder durch Einstellung[420] oder durch Erlass endgültiger Zölle abgeschlossen.[421] Möglich ist aber auch eine freiwillige Preisverpflichtung durch das beklagte ausländische Exportunternehmen.[422]

---

416 v. Baum, Das Antidumping-Verfahren in den USA, in: ZfZ 1996, S. 233 (240).

417 19 U.S.C. § 1673 b (c); diese Vorschrift entspricht wörtlich dem Art. 10.6 des WTO-ADÜ.

418 v. Baum, Das Antidumping-Verfahren in den USA, in: ZfZ 1996, S. 233 (240).

419 v. Baum, Das Antidumping-Verfahren in den USA, in: ZfZ 1996, S. 233 (241).

420 Art. 9 Abs. 1 bis 3 AD-GVO.

421 Art. 9 Abs. 4 AD-GVO.

422 Art. 8 Abs. 2 S. 3 AD-GVO; vgl. ausführliche Darstellung bei Park, Regelung und Praxis des Antidumpingrechts, S. 161 ff.

(1) Festsetzung der Zölle

Kommt die Kommission nach der Untersuchung zu dem Ergebnis, dass die Voraussetzungen für den Erlass der Maßnahmen erfüllt sind, unterbreitet sie dem Rat einen Vorschlag zur Verhängung eines Antidumpingzolls. Das dafür vorgesehene Beschlussverfahren hat der Gemeinschaftsrechtsgeber im Frühjahr 2004 wesentlich geändert.[423]

Ursprünglich setzte die Annahme des Vorschlags voraus, dass eine einfache Mehrheit der Ratsmitglieder zustimmt. Nunmehr gilt der Vorschlag als angenommen, wenn der Rat ihn nicht innerhalb eines Monats nach Unterbreitung mit der einfachen Mehrheit ablehnt.[424] Der endgültige Antidumpingzoll wird durch eine Verordnung eingeführt.[425] Soweit vorläufige Zölle festgesetzt worden sind, entscheidet der Rat auch über deren endgültige Vereinnahmung.[426]

Eine solche kann angenommen werden, wenn endgültige Zölle verhängt werden.[427] Dabei wird der vorläufige Zoll nicht rückwirkend an einen eventuell höheren endgültigen Zoll angepasst. Übersteigt dagegen der vorläufige Zoll den endgültigen Zoll, werden die Differenzbeträge zurückerstattet.[428]

Die Kommission kann das Verfahren einstellen, wenn sie zu dem Schluss kommt, dass keine Antidumpingmaßnahmen erforderlich sind und wenn die zu konsultierenden Mitgliedstaaten dagegen keine Einwände erheben. Andernfalls wird die Sache dem Rat vorgelegt, der innerhalb eines Monats mit qualifizierter Mehrheit die Fortsetzung des Verfahrens anordnen kann.[429]

Vor Unterbreitung des Kommissionsvorschlags haben die Antragsteller, die Ein- und Ausführer, ihre repräsentativen Verbände und auch die Vertreter der Ausfuhrstaaten das Recht, über diejenigen Tatsachen unterrichtet zu werden,

---

423 Düker, Rechtschutz gegen Antidumpingmaßnahmen in der Europäischen Gemeinschaft, S. 75.

424 Art. 9 Abs. 4 AD-GVO.

425 Art. 14 Abs. 1 AD-GVO.

426 Art. 10 Abs. 2 AD-GVO.

427 Düker, Rechtschutz gegen Antidumpingmaßnahmen in der Europäischen Gemeinschaft, S. 75; Schübel, in: Grabitz/Hilf, E 6, Art. 9, Rn. 16.

428 Art. 10 Abs. 2 AD-GVO.

429 Art. 9 Abs. 2 AD-GVO.

auf deren Grundlage der Erlass der Maßnahmen oder die Verfahrenseinstellung beabsichtigt wird.[430]

Diese Unterrichtung ist für die Parteien von großer Bedeutung, da ihre darauf bezogenen Stellungnahmen die letzte Möglichkeit sind, auf den Ausgang des Verfahrens einzuwirken.[431]

(2) Nachbeobachtung

Während der fünfjährigen Geltungsdauer der Schutzmaßnahmen kann mittels einer sog. *Interimsüberprüfung* untersucht werden, ob sich die Sachlage geändert hat und die Maßnahmen noch notwendig sind oder ob sie nicht mehr ausreichen, das schädigende Dumping abzuwehren. Ziel ist es, im Anschluss an die Überprüfung, die Schutzmaßnahmen eventuell an die neue Sachlage anzupassen. Dies kann frühestens ein Jahr nach Erlass der Maßnahme vom Ein- oder Ausführer beantragt werden.[432]

Zu beachten ist, dass eine *reformatio in peius*, also eine Verschlechterung zulasten des Antragstellers, zulässig ist.[433]

Vor dem Ende der fünfjährigen Geltungsdauer der Maßnahmen kann eine sog. *Auslaufüberprüfung* eingeleitet werden, mit der festgestellt werden soll, ob nach dem Wegfall der Maßnahmen wieder eine Schädigung der Gemeinschaftshersteller aufgrund eines fortgesetzten Dumpings zu erwarten ist.[434]

bb) Die Endentscheidungen der ITC

Sobald das DOC seine *„final determination"* getroffen hat, bleibt der ITC in der Regel 45 Tage um ihre endgültige Entscheidung zu fällen. Wenn diese Entscheidung bestätigend ist, also eine *„LTFV injury"* annimmt, (was in über 83% der Fälle vorkommt)[435] dann wird eine Antidumpingmaßnahme erlassen,

430 Art. 20 Abs. 2 bis 5 AD-GVO.

431 Wenig, in: Grabitz/Hilf, E 6, Art. 20, Rn. 9.

432 Düker, Rechtsschutz gegen Antidumpingmaßnahmen in der Europäischen Gemeinschaft, S. 76 f.

433 Schübel/Schnichels, in: Grabitz/Hilf, E 6, Art. 11, Rn. 15.

434 Art. 11 Abs. 2 AD-GVO.

435 Innerhalb eines Drei-Jahres-Intervalls zwischen April 1999 und März 2002 traf die ITC 58 endgültige Entscheidungen, wovon 48 affirmativ waren, siehe Lindsey/Ikenson, Antidumping Exposed, S. 4.

in der dem betroffenen Exporteur ein Zoll in der Höhe der errechneten Dumpingspanne auferlegt wird (*„duty-order“)*.[436]
Dieser Anteil basiert auf der Dumpingmarge, die für den Untersuchungszeitraum – normalerweise die vier letzten vollendeten Kalenderquartale vor der Veranlassung der Untersuchung, errechnet wurde. Dabei handelt es sich um einen Zeitraum der seit Monaten abgeschlossen ist, wenn die Zollverpflichtung überhaupt erst beginnt.[437]

Die endgültige Zollverbindlichkeit wird bestimmt von *„administrative reviews“*[438], die später von dem DOC durchgeführt werden. Die erste Phase der Untersuchung (*„first period of review/POR“)* betrifft die Importe vom Anfang der Zollverbindlichkeit bis zum ersten Jahrestag der Auferlegung des Antidumpingzolls. Nachfolgende PORs umschließen die Importe vom ersten Jahrestag bis zum nächsten. Die endgültige Entscheidung des DOC in einem *„review“* setzt endgültige Antidumpingzölle für Importe während der POR fest.[439]
Die Dumpingmarge kann also jährlich durch *„administrative reviews“* wiederberechnet werden. Die fortdauernde Existenz der Schädigung wird dagegen nur einmal alle fünf Jahre in sog. *„sunset reviews“* geprüft. Wenn das DOC und die ITC dort zu affirmativen Entscheidungen gelangen, dann wird die Anordnung für weitere fünf Jahre fortgesetzt.[440]

d) Bewertung der Verfahrensstufen

Das U.S.-System basiert auf strikten und detaillierten Gesetzesregelungen und lässt den Verwaltungsbehörden nur wenige Interpretationsmöglichkeiten. Das EU-System dagegen überlässt der Kommission mehr Ermessenspielraum und Handlungsfreiheiten. Das mag zwar in der Anwendung sehr pragmatisch sein, da die EU-Behörden flexibel auf den Einzelfall reagieren können, doch ist in diesem System die fehlende Flexibilität problematisch. Die betroffenen Parteien

---

436 19 U.S.C. § 1673 e (a)(1).
437 Lindsey/Ikenson, Antidumping Exposed, S. 4.
438 19 U.S.C. § 1675 (f).
439 Lindsey/Ikenson, Antidumping Exposed, S. 4.
440 Lindsey/Ikenson, Antidumping Exposed, S. 4.

haben kaum Möglichkeit, die verschiedenen Stufen des Verfahrens nachzuvollziehen.[441]

Ein anderer wichtiger Unterschied zwischen den zwei Systemen ist, dass in den United States die Zollerhebung auf einer retrospektiven Berechnung basiert, wohingegen in der EU die Zölle prospektiv erhoben werden. [442]
Genauer gesagt: Wenn ein Produkt, welches unter Antidumpingzöllen steht, in die USA importiert wird, dann muss der Importeur einen Barbetrag zahlen, der auf einer *ad valorem* berechneten Dumpingmarge, die auf der letzten Untersuchung oder der jüngsten Nachbeobachtung beruht. An jedem Jahrestag des Antidumpingzoll-Bescheides können die Gemeinschaftsindustrie und die Exporteure verlangen, dass die gezahlten Zölle dem aktuellen Stand der Jahres-Dumpingmarge, wie sie mittels Vergleiches von aktuellem Preis der gegenwärtigen Verkäufe mit berechneten Normalwert ausgerechnet wurden, angepasst werden.[443] Ohne ein solches Verlangen setzen die USA einen Dumpingzoll in Höhe des Barbetrags fest. Dieses System hat einen dämpfenden Effekt auf den Handel, weil Exporteure und Importeure zur Zeit des Verkaufes nicht sicher wissen können, wie hoch der eventuell zu zahlende Zoll sein wird.[444]

In der EU müssen Importeure Antidumpingzölle in der Höhe der Dumpingmarge, die in der Antidumpinguntersuchung berechnet wurde, unabhängig von den aktuell festgelegten Preisen während des betroffenen Zeitraums zahlen, solange, bis sie nach einer Erstattung oder Nachuntersuchung verlangen. Um den Nutzen solch einer Nachuntersuchung zu beweisen, muss der Importeur sein Verlangen auf hinreichende Beweise stützen, dass die Nachuntersuchung notwendig ist. Genauer gesagt muss der Importeur zeigen,

---

441 Depayre, Antidumping Rules: For a Predictable, Transparent and Coherent Application, in: Global Trade and Customs Journal, 3, 2008, S. 123 (132).

442 Depayre, Antidumping Rules: For a Predictable, Transparent and Coherent Application, in: GTCJ, 3, 2008, S. 123 (131).

443 v. Baum, Das Antidumpingverfahren in den USA, in: ZfZ 1996, S. 233 (241).

444 Depayre, Antidumping Rules: For a Predictable, Transparent and Coherent Application, in: GTCJ, 3, 2008, S, 123 (131).

dass sich die Dumpingmarge reduziert hat oder weggefallen ist oder die andauernde Erhebung von Zöllen nicht länger notwendig ist.[445]

e) „Best Information Available"

Die betroffenen Unternehmen müssen im Verlauf der Untersuchungen eine Vielzahl von Informationen an die untersuchenden Behörden bekannt geben. Geben die Beteiligten unrichtige oder unzureichende Angaben oder verweigern oder verzögern sie von Anfang an die Mitarbeit, kann die Behörde andere Quellen heranziehen.[446]
Die Behörden haben kein Mittel zur zwangsweisen Durchsetzung der Mitarbeit der betroffenen Unternehmen, obwohl sie häufig auf deren Kooperation angewiesen sind.[447]
Allerdings gibt die Regelung der sog. *„Best Information Available"* (BIA) der Behörde die Möglichkeit, vorhandene Informationen der Untersuchung zugrunde zu legen. Diese sind oft für die Unternehmen ungünstiger, da die entsprechenden Unterlagen meist von den heimischen Unternehmen eingereicht werden und von der Behörde nicht auf ihre Korrektheit überprüft werden müssen. In Anbetracht der kurzen Ermittlungszeit und den Interessen aller an einer baldigen Entscheidung, kann der Behörde nicht zugemutet werden, alle Informationen von sich aus zu besorgen.[448]

aa) Risiken der 'facts available'

Häufig ist in der Praxis zu erkennen, dass passive und unkooperative Unternehmen mit den höchsten Antidumpingzöllen belastet werden. Nicht unproblematisch dabei ist, dass die BIA häufig als Druckmittel der Behörden benutzt wird, obwohl sie eigentlich nur als Ausnahmetatbestand fungieren soll.[449]
Einfach ausgedrückt: Wenn eine heimische Industrie nicht kooperiert, z.B. indem sie die Fragebögen der Behörden nicht beantwortet, werden die

---

445 Depayre, Antidumping Rules: For a Predictable, Transparent and Coherent Application, in: GTCJ, 3, 2008, S. 123 (131).

446 Art. 6.8 WTO-ADÜ; EU: Art. 18 AD-GVO; USA: 19 U.S.C. § 1677 e (c) und 1677 f (c)(E).

447 Park, Regelung und Praxis des Antidumpingrechts, S. 153.

448 Park, Regelung und Praxis des Antidumpingrechts, S. 153.

449 Park, Regelung und Praxis des Antidumpingrechts, S. 154.

Behörden i.d.R. darauf schließen, dass das Unternehmen keine materielle Schädigung erlitten hat. Gleichermaßen wird die Behörde bei unkooperativen Exporteuren häufig schließen, dass deren Dumpingmargen ähnlich hoch sind, wie die heimischen Unternehmer in ihren Unterlagen vorgebracht haben.[450]
So betrug z.B. in der EU im *„Large aluminium electrolytic capacitors from Japan"*-Verfahren[451] die höchste Dumpingmarge 43,1% für kooperierende Hersteller, wohingegen die höchste Marge für nicht-kooperative Unternehmen die höchste Dumpingmarge bei 75% für ein individuelles Produkt festgelegt wurde.[452]

In den USA lag in 141 Antidumpingverfahren innerhalb von drei Jahren (1995-1998) die durchschnittliche Dumpingmarge basierend auf *„facts available"* bei 95,58%, verglichen mit 27,22%, wenn die Daten der Exporteure genutzt wurden. In dieser Zeit hat das DOC die *„facts available"* in mehr als 25% der Fälle angewandt.[453]
Dies sind Beispiele für völlige Nichtkooperation.
In der Realität wird die Situation in den seltensten Fällen so eindeutig sein. In Grauzonen können die *„facts available"* zu mächtigen Waffen in den Händen der Behörden werden, die leicht zu missbrauchenn sind: *„if you want to beat a doc, it is easy to find a stick"*[454]. Da die Parteien in einer Antidumping-Untersuchung große Mengen an Informationen in relativ kurzer Zeit erbringen müssen, ist es sehr wahrscheinlich, dass die Parteien nicht so schnell in der Lage sein werden, *alle* geforderten Unterlagen innerhalb der Zeitvorgaben zu übermitteln oder dass sie fehlerhafte Unterlagen einreichen. Die Behörden können dann frei entscheiden, ob sie diese Fehler als Teil- oder gar vollständige Nichtkooperation behandeln.[455]

bb) Angegriffene Anwendung der BIA

In der Vergangenheit wurden immer wieder Verfahren vor dem WTO-Panel geführt, in denen die Proportionalität zwischen der Anwendung der BIA und

---

450 Vermulst, The WTO Anti-Dumping Agreement, S. 146 f.
451 Large aluminium electrolytic capacitors from Japan, ABl. 152/22, 4.6.92.
452 Large aluminium electrolytic capacitors from Japan, ABl. 152/22, 4.6.92, S. 22.
453 Lindsey/Ikenson, Antidumping Exposed, S. 196.
454 Vermulst, The WTO Anti-Dumping Agreement, S. 147.
455 Vermulst, The WTO Anti-Dumping Agreement, S. 147.

dem Grad der Kooperation, welcher von der der betroffenen Partei vorgetragen wurde, festgestellt werden sollte.
Wegen des Verlangens nach einem hohen Grad an Detailregelungen, - weshalb die Praxis des DOC von Kritikern auch bezeichnet wird als *„drive for perfection“*[456] - richteten sich viele dieser Fälle gegen die United States. So entschied der Panel beispielsweise im Urteil *Guatemala-Cement II*, dass die Anwendung der BIA für die komplette Untersuchungszeit unangemessen ist, wenn die Daten nur bzgl. eines Teils des Untersuchungszeitraums fehlen.[457]

Um vielleicht typischere Probleme diesbezüglich handelt es sich bei den Urteilen *United States-Hot rolled steel*[458] und *United States-Steel plate*[459]. In ersterem Urteil hatten die beiden japanischen Exporteure NSC und NKK geforderte Informationen erst nach der *„Deadline“* zur Beantwortung der Fragebögen, aber noch vor der Verifikation der Daten, übermittelt. Das hatte das DOC dazu veranlasst, die Daten zu ignorieren und stattdessen die *„facts available“* zu nutzen. Fraglich war hier, ob das DOC das Merkmal der *„reasonnable period“* korrekt ausgelegt hatte. Sowohl der Panel als auch später der Appellate Body waren sich einig, dass dies nicht der Fall war.[460]
Der Panel erläuterte, dass wenn die Informationen tatsächlich rechtzeitig zur Überprüfung ihrer Richtigkeit übermittelt werden und auch tatsächlich hätten verifiziert werden können, dann müssten sie auch generell akzeptiert werden, es sei denn, dadurch würde der vom WTO-ADÜ vorgegebene Zeitrahmen nicht mehr eingehalten werden können.[461]
Im *United-States-Steel plate*-Urteil entschied der Panel, dass zwar Art. 6.8 WTO-ADÜ alleine nicht die Frage beantworten würde, bis zu welchem Grad *„facts available“* angewandt werden dürfen, wenn einige der nötigen Informationen übermittelt wurden und einige nicht, die Vorschrift des Annex II

---

456 Horlick, The 10 Major Problems with the Anti-Dumping Instrument in the United States, in: JWT, 39, 2005, S. 169 (171).

457 *Guatemala-Cement (from Mexico) II*, Guatemala-Definitive anti-dumping measures on grey Portland cement from Mexico, WT/DS156/R of 24 October 2000, Panel, Rz. 8.196.

458 *United States-Hot Rolled Steel (from Japan)*, United States-Anti-dumping measures on certain hot-rolled steel products from Japan, WT/DS184/R of 28 February 2001.

459 *United States-Steel Plate (from India)*, United States-Anti-dumping and countervailing measures on steel plate from India, WT/DS206/R of 28 June 2002.

460 Vermulst, The WTO Anti-dumping Agreement, S. 148.

461 *United States-Hot Rolled Steel from Japan,* (siehe Fn. 463), Panel, Rz. 7.53-7.55.

gelesen i.V.m. Art. 6.8 WTO-ADÜ dagegen beantworte diese Frage sehr wohl. Danach müssen übermittelte Informationen, die für die Untersuchung ausreichende Inhalte darstellen, von der untersuchenden Behörde beachtet werden, statt die *„facts available"* heranzuziehen.[462]
Auch wenn genannte Urteile die USA betrafen ist anzumerken, dass innerhalb der Europäischen Gemeinschaft ähnliche Probleme der missbräuchlichen Anwendung und Auslegung der Vorschriften über die BIA bestehen.[463]

cc) Lösungsansätze

Unbefriedigenderweise ist keine klar umrissene Lösung für das Problem des Missbrauchs der BIA greifbar. Da die Behörden keine Kontrollmöglichkeit haben, sind sie auf die Mitarbeit der Unternehmen angewiesen. Wenn diese Unternehmen nicht kooperieren, können die Behörden nicht einfach aufgeben. Andernfalls wäre die Nichtkooperation eine perfekte Verteidigung gegen Antidumpingmaßnahmen. Und die Behörden benötigen eine Möglichkeit, unvollständige Daten zu vervollständigen, da die Unternehmen ansonsten die missliebigen Daten verschweigen könnten.[464]

Es ist nicht ersichtlich, wie die WTO-Regelungen klarer formuliert werden könnten, weder bzgl. der Umstände, unter denen die *„facts available"* herangezogen werden dürfen, noch hinsichtlich der Standards für die Anwendung der *„facts available"*. Die derzeitigen Regelungen in dem WTO-ADÜ setzen generelle Standards dafür, wann und wie die BIA angewandt werden dürfen. Konkretere Vorschriften sind in Anbetracht der jeweils einzelfallspezifischen Umstände nicht möglich.[465]
Allein eine nähere Untersuchung der herangezogenen BIA durch die Behörden kommt in Frage. Es sollte geprüft werden, ob die Zahlen wirklich dem wirtschaftlichen Bild der Situation entsprechen und die betroffenen Unternehmen sollten Gelegenheit zur Stellungnahme bekommen.[466]
Damit kann jedoch nicht gewährleistet werden, dass die Behörde wirklich ohne protektionistische Absicht handelt. Viel hängt hier von dem jeweiligen

---

462 *United States-Steel plate from India* (siehe Fn. 463), Panel, Rz. 7.53-7.56.
463 Vgl. Darstellung von Stanbrook/Bentley, Dumping and Subsidies, S. 167 ff.
464 Lindsey/Ikenson, Antidumping Exposed, S. 196.
465 Lindsey/Ikenson, Antidumping Exposed, S. 196 f.
466 So bereits Park, Regelung und Praxis des Antidumpingrechts, S. 154 f.

„Goodwill" der Antidumpingbehörden bzgl. eines fairen und ordnungsgemäßen Verfahrens ab.

Abschließend ist damit festzustellen, dass die einzige effektive Möglichkeit, den Missbrauch der BIA zu Unterbinden der Weg ist, die Anzahl der ungerechtfertigt eingeleiteten Antidumpingverfahren von ihrer Entstehung an zu reduzieren. Wegen der plausiblen Definition des Merkmals des „unfairen Handels", sind die Behörden routiniert darin, Antidumpingmaßnahmen ohne jeden Beweis für ein Vorliegen von unfairem Handel einzuleiten. Wenn die Anzahl der ungerechtfertigten Untersuchungen reduziert werden kann, dann ist auch zu erwarten, dass die Zahl der mit *„facts available"* belegten Verfahren abnimmt.[467]

f) Tansparenz versus Vertraulichkeit

aa) das Problem der fehlenden Transparenz in der EU

Am 06. Dezember 2006 hat der Minister der Europäischen Kommission Peter Mendelson mit der Veröffentlichung des *Green Paper of Trade Defence Instruments* (TDI)[468] eine Reform der europäischen Antidumpingregelungen vor allem hinsichtlich der fehlenden Transparenz gefordert.[469]
Diese fehlende bzw. unzureichende Transparenz wurde erst kürzlich verdeutlicht:

in dem *Eurocoton*-Urteil[470], in dem der EuGH dargestellt hat, dass in der Antidumpinguntersuchung

> *„[...] wenn der Rat entscheidet, einen Vorschlag für eine Verordnung,, die definitive Antidumpingzölle auferlegt, nicht zu implementieren, der Rat eine*

---

467 So bereits Lindsey/Ikenson, Antidumping Exposed, S. 198.

468 Kommission der Europäischen Gemeinschaften, Mitteilung der Kommission, Das Globale Europa, Die handelspolitischen Schutzinstrumente der EU in einer sich wandelnden globalen Wirtschaft, Grünbuch für die öffentliche Konsulatation, Brüssel, 06.12.2006, KOM(2006) 763, abrufbar unter: <http://trade.ec.europa.eu/doclib/docs/2006/december/tradoc_131502.pdf>

469 Gambardella, Europe's Trade Defence Instruments and Transparency, in: Global Trade and Customs Journal, 3, 2008, S. 53 (54).

470 *Eurocoton and Others v. Council,* Judgement of the ECJ, 30 September 2003, in Case C-76/01 P.

adäquate Angabe von Gründen geben sollte, welche klar und unmissverständlich zum Ausdruck bringen, warum – im Lichte der Vorschriften der AD-GVO – kein Bedürfnis für die Aufnahme dieses Vorschlags besteht.“

in sehr kontroversen Antidumpingverfahren, wie dem *Footwear-Case*[471] im Jahr 2006 als auch dem *CFL-i* –Fall[472] im Jahr 2007.

Lange vor der Veröffentlichung dieses Grünbuchs der Kommission wurde das europäische Antidumpingrecht hinsichtlich seiner fehlenden Transparenz von vielen Seiten kritisiert:

So wurde dies zu einem der wichtigsten Themenkreise des EU Antidumpingrechts erklärt, da das Fehlen der Transparenz zwei Hauptkonsequenzen beinhaltet: Zum einen gewährt es der Kommission, welche als Verwaltungsbehörde die einzige Partei mit Zugang zu allen tatsächlichen Informationen ist, exzessive Macht; zum anderen lädt es Fehler und Missbrauch geradezu ein.
Problematisch in diesem Zusammenhang ist, dass die Kommission weitreichende Kompetenzen und Macht hat, diese Methode der Untersuchungen und Entscheidungsfindungen zu verteidigen. [473]
Die Kommission hat einen Abschnitt in ihrem Grünbuch dem Problem der fehlenden Transparenz gewidmet, wonach EU-Regelungen

„[...]repräsentieren ein Gleichgewicht zwischen Offenheit in Handelsuntersuchungen und dem Erfordernis, die Vertraulichkeit der wirtschaftlichen Informationen zu respektieren. [...]Die Kommission könnte dennoch die Transparenz der Handelsschutzinstrumente verbessern.“

Im europäischen Recht bestimmt Art. 6 Abs. 7 AD-GVO, dass bestimmte Personen das Recht haben, Informationen einzusehen, welche relevant für die Präsentation ihrer Fälle sind und nicht vertraulich im Sinne des Art. 19 AD-GVO.

---

471 VO (EG) Nr. 1472/2006, ABl. 275/1.2006.

472 Vom 14. September 2007; die endgültige Entscheidung der Überprüfung, die 2006 begonnen hat, ist noch zu erwarten. Die Kommission hat zweimal ihre Richtung gewechselt: zuerst, um die Zölle aufzuheben, dann um sie für ein Jahr zu bestätigen.

473 Gambardella, Europe's Trade Defence Instruments and Transparency, in: GTCJ, 3, 2008, S. 53 (54).

Problematisch ist, dass der Wortlaut des Art. 19 AD-GVO im Hinblick auf die vertrauliche Natur der Informationen wiederum sehr weit (wenn nicht gar vage) gefasst ist und somit der Kommission weitreichendes (und vielleicht sogar exzessives) Ermessen bei der Einschätzung der Vertraulichkeit der Informationen gibt[474]

bb) Die Transparenzpflicht in den USA

Besonders im Vergleich zum amerikanischen Antidumpingverfahren wird dieses Defizit deutlich. Dort wird durch die ausführlichen gesetzlichen Regelungen der sog. *„APO-Rules"* der Transparenzpflicht nachgekommen.[475] Die APO[476] *(Administrative Protective Order)* ist eine Weisung an die Verwaltung, durch welche den Vertretern der betroffenen Parteien Zugang zu den *'business proprietary information' BPI)* und den *„confidential information" (CBI)* gesichert wird. Die APO sind in 19 U.S.C. § 1677 f. (2000) geregelt.[477]

Im Gegensatz zum EU-System, welches klar unterscheidet zwischen der vertraulichen Version der Untersuchungsakten, die nur der Kommission zugänglich sind und den nicht-vertraulichen Akten, die für alle betroffenen Parteien des Prozesses zugänglich sind, unterscheidet das U.S.-System der APO zwischen der Liste, auf der alle BPI und CBI für die anerkannten Parteien und der öffentlichen Service-Liste auf der alle BPI und CBI vorher gelöscht wurden um es möglich zu machen, autorisierten Parteien Zugang zu der Liste zu gewähren. In den USA übermitteln die Parteien zu Anfang eines Verfahrens die Informationen an die ermittelnde Behörde. Von dem Zeitpunkt an ist es ihnen erlaubt, eine APO zu ersuchen, um die Verfügbarkeit der Informationen zu gewährleisten.[478]

---

474 Gambardella, Europe's Trade Defence Instruments and Transparency, in: Global Trade and Customs Journal, 3, 2008, S. 53 (56).

475 Park, Regelung und Praxis des Antidumpingrechts, S. 155.

476 Ausführlich zu den APO siehe: U.S. International Trade Commission, An Introduction to Administrative Protective Order Practice in Import Injury Investigations, 2005; abrufbar unter: <http://www.usitc.gov/trade_remedy/731_ad_701_cvd/PUB3755.pdf>

477 Horlick/Koh, United States Law and Sanctions, in: GTCJ, 2, 2007, S. 369.

477 Gambardella, Europe's Trade Defence Instruments and Transparency, in: Global Trade and Customs Journal, 3, 2008, S. 53 (54).

478 Horlick/Koh, United States Law and Sanctions, in: GTCJ, 2, 2007, S. 369 (369 f.).

Jede Person, die Informationen übermittelt, kann darum ersuchen, dass bestimmte Informationen nicht unter den APO veröffentlicht, sondern vertraulich behandelt werden. Allerdings zeigt die Praxis der Behörden, dass diese Regelung als sehr enge Ausnahme des APO-Grundsatzes behandelt und daher oft abgelehnt wird.[479]

cc) Bewertung

Zwischen den U.S.-Verfahrensregelungen und den EG-Vorschriften existiert ein großer Unterschied bzgl. der Definition der vertraulichen Informationen sowie dem Recht, die vertraulichen Dokumente einzusehen. Im U.S.-Recht können interessierte autorisierte Parteien die BPI (z.B. Daten von privaten Firmenprofiten und Investments- und Produktionsprozessen) einsehen. Mit anderen Worten: betroffenen Parteien ist der Zugang zu vertraulichen Informationen, die im Besitz der Behörde sind, garantiert.

Im EG-Recht, können betroffene Parteien lediglich Zugang zu den nicht-vertraulichen Informationen bekommen. Diese enthalten oft nur eine begrenzte Menge vollzugänglicher, von den Parteien eingereichten Informationen. Daher kann man ohne Probleme sagen, dass das U.S.-System dort respektvoller mit den Interessen der Parteien umgeht, wo Transparenz gewährleistet wird.[480]

Eine Reform der Regelungen über den Zugang zu vertraulichen Dokumenten in der Europäischen Gemeinschaft würde das beste Umfeld für eine Einführung neuer Transparenz-Regelungen schaffen. Um effektiv zu sein, darf die Transparenz nicht nur durch Gewährung vollen Zugangs zu Informationen geleistet werden, sondern auch durch die Schaffung von Regelungen, die Sanktionen für die Verletzung dieser Pflicht der Kommission zur Transparenz ermöglichen.[481] Allerdings muss sichergestellt werden, dass solche Transparenzregelungen nicht zu missbräuchlichen Zwecken genutzt werden. So ist der Gefahr entgegenzuwirken, dass Verfahren ausschließlich dazu beantragt werden, um an wichtige Informationen zu gelangen. Hier muss der Zweck des

---

479 Gambardella, Europe's Trade Defence Instruments and Transparency, in: GTCJ, 3, 2008, S. 53 (54).

480 Gambardella, Europe's Trade Defence Instruments and Transparency, in: GTCJ, 3, 2008, S. 53 (58).

481 So bereits Gambardella, Europe's Trade Defence Instruments and Transparency, in: GTCJ, 3, 2008, S. 53 (60).

Verfahrens von der betroffenen Partei genau dargelegt und von der Kommission überprüft werden, um einen Missbrauch zu verhindern.

g) „De Minimis"-Grundsatz

Gem. Art. 5.8 WTO-ADÜ ist das Verfahren einzustellen, wenn die Dumpingspanne geringer als 2% des Ausfuhrpreises ist. Dieser wird als geringwertig betrachtet, wenn das Verfahren eingestellt werden muss. In den Vereinigten Staaten wurde in der Praxis eine *„de minimis"* Dumpingmarge von 0,5% als Grenze festgelegt.[482]

Nunmehr haben auch die USA in ihrer Regelung die *„de minimis"* in Höhe von 2% festgesetzt.[483] Dies gilt aber nur für die laufenden Untersuchungen, für die Nachprüfung soll weiterhin die 0,5-Marke entscheidend sein.[484]

4. Festsetzung von Zöllen und *„lesser duty"*

Der Antidumpingzoll entspricht zumeist der Dumpingspanne der einzelnen untersuchten Unternehmen. Aber auch den nicht beteiligten Unternehmen kann durch Auferlegung der *„residual duty"* ein Zoll auf ihre Produkte festgelegt werden.[485] Somit kann wegen der Dumping-Praxis eines Landes allen Angehörigen jedes Wirtschaftszweiges des betroffenen Landes ein Antidumpingzoll auferlegt werden. Dies wird damit gerechtfertigt, dass ansonsten die Gefahr einer Umgehung bestünde, da die Hersteller über andere Exporteure ihre Produkte zollfrei in das Land einführen könnten.[486]

In den Vereinigten Staaten muss der Antidumpingzoll der berechneten Dumpingspanne entsprechen. Dagegen verfügt das europäische Recht über eine sog. *„lesser duty"*-Regelung. Diese besagt, dass wenn ein geringerer Zoll ausreicht, um die Schädigung der Gemeinschaftsindustrie zu beseitigen, dann kann der Dumpingzoll in einer unter der errechneten Dumpingspanne liegenden Höhe festgesetzt werden. Dies ist jedoch nicht gängige Praxis, da den Herstellern zumeist der höchstmögliche Antidumpingzoll auferlegt wird.[487]

---

482 Park, Regelung und Praxis des Antidumpingrechts, S. 158.
483 19 U.S.C. § 1673 (b)(b)(3).
484 Lindsey/Ikenson, Antidumping Exposed, S. 190.
485 EG: Art. 11 Abs. 4 AD-GVO; USA: 19 U.S.C. § 1675 (B).
486 Park, Regelung und Praxis des Antidumpingrechts, S. 167.
487 Park, Regelung und Praxis des Antidumpingrechts, S. 167.

5. „Sunset Clause"

In der Uruguay-Runde wurde beschlossen, dass nach einer Frist von fünf Jahren die Schutzmaßnahmen auslaufen sollen. Das europäische Antidumpingrecht hatte bereits vor der Festsetzung der *„sunset"*-Regelung in der neuen Antidumpingvereinbarung der Uruguay Runde diese Regelung in ihren nationalen Gesetzen festgelegt. Die Vereinigten Staaten haben diese Regelung übernommen. Die *„sunset-clause"* soll verhindern, dass Antidumpingzölle jahrelang bestehen bleiben, obwohl die Schädigung schon längst nicht mehr gegeben ist.[488]

Allerdings kann eine Prüfung, ob die Schädigung noch besteht, wiederholt werden.[489]

6. Antiabsorptionszölle

Die Absorption von Zöllen war für einige Jahre sowohl in der EU als auch in den USA eines der Hauptthemen in den Antidumping-Diskussionen.[490]

Eine Zollabsorption entsteht dann, wenn die Ausführer geltende Antidumpingzölle durch weitere Preissenkungen der betroffenen Produkte zu kompensieren versuchen und somit die heimische Industrie weiterhin dem unfairen Wettbewerb aussetzen.[491]

a) Entwicklungen in der EU

In Europa hat die Antiabsorptionsvorschrift aus Art. 12 AD-GVO jüngst Aufmerksamkeit erregt vor dem Hintergrund der Aussagen der Generaldirektion „Handel" (DG Trade), dass die Auswirkungen der Antidumpingzölle auf die Verbraucher eingeschränkt sein werden, weil die Importeure und Wiederverkäufer ihre Zölle (teilweise) absorbieren können.[492]

In dem Antiabsorptionsverfahren konzentriert sich die Kommission auf die Neuermittlung der Ausfuhrpreise und der Dumpingspanne. Dabei werden

---

488 Park, Regelung und Praxis des Antidumpingrechts, S. 168.

489 Diese Prüfung wird in der EU als *Interimsüberprüfung* bezeichnet und ist in Art. 11 Abs. 3 AD-GVO geregelt. In den USA geschieht sie innerhalb der *Review*-Phase.

490 Mastel, Antidumping Laws and the U.S. Economy, S. 132.

491 Düker, Rechtsschutz gegen Antidumpingmaßnahmen der Europäischen Gemeinschaft, S. 78.

492 Vermulst/Graafsma, The Anti-Absorption Provision in EC Anti-Dumping Law, in: GTCJ, 2, 2007, S. 129 (129).

Veränderungen der Normalpreise oder gesunkene Kosten berücksichtigt, sofern die Ausführer die für sie günstigen Umstände beweisen können.[493]

Einen Antrag auf Verfahrenseinleitung kann der durch die Antidumpingzölle geschützte Wirtschaftszweig der Gemeinschaft stellen. Darüber hinaus wurde im Rahmen der im Jahr 2004 erfolgten Änderung der Grundverordnung auch ein Antragsrecht für jede interessierte Partei sowie für die Mitgliedstaaten eingeführt.[494] Für die Verfahrenseinleitung genügt es, ausreichend Informationen darüber vorzulegen, dass der Weiterverkaufspreis der fraglichen Produkte, d.h. der Preis der an den ersten unabhängigen Käufer, nicht gestiegen ist.[495] Neben dieser relativ leicht zu erbringenden Antragsvoraussetzung hat das Antiabsorptionsverfahren für die Gemeinschaftsherrsteller auch den Vorteil, dass es nur zu einer Bestätigung oder Erhöhung der Antidumpingzölle, nicht aber zu deren Reduzierung führen kann.[496]

b) Regelungen in den USA im Vergleich zu den EU-Vorschriften

In den USA hat das DOC angefangen, die Einhaltung von Antidumpingmaßnahmen zu überwachen um Anzeichen für Absorptionen des Zoll zu entdecken. Im Fall des „*sunset reviews*", wird die Absorption des Zolls als Anzeichen für fortdauernde Antidumpingmaßnahmen genommen. Die Europäische Gemeinschaft hat eine „schwungvollere" Lösung für das Problem der Absorption der Zölle gewählt. Das europäische Verfahren ist auch bekannt als *„duty-as-cost".*[497]

Die in Europa angewandte Praxis der Behandlung absorbierter Zölle als Kosten in den Berechnungen, ist explizit in dem WTO-ADÜ geregelt. Art. 9.3.3 des Übereinkommens ermächtigt die Behörden, absorbierte Zölle wie sonstige Kosten zu behandeln, um sie bei den Berechnungen für die Dumpingspanne einbeziehen zu können.

---

[493] Art. 12 Abs. 5 AD-GVO.

[494] Art. 12 Abs. 1 AD-GVO.

[495] Düker, Rechtschutz gegen Antidumpingmaßnahmen der Europäischen Gemeinschaft, S. 79.

[496] Düker, Rechtschutz gegen Antidumpingmaßnahmen der Europäischen Gemeinschaft, S. 79.

[497] Mastel, Antidumping Laws and the U.S. Economy, S. 133.

Trotz dieser ausdrücklichen Regelungen haben die USA entschieden, die *„duty-as-a-cost"*-Praxis nicht in ihr Recht zu adaptieren.
Dies ist bemerkenswert, da die USA sich nicht von den protektionistischen Gemeinschaftsinteressen leiten lassen haben.[498]
Außerdem warnten Gegner davor, dass eine Absorptionsvorschrift die Antidumpingzölle erhöhen würde. Es ist natürlich richtig, dass Vorschriften über Antiabsorptionszölle die Antidumpingzölle steigen lassen, wenn „Dumper" sich entschließen Zölle zu absorbieren. Der Zweck der Vorschrift ist allerdings, Zollabsorptionen zu verhindern – wenn erfolgreich, dann würde das bedeuten, dass die Vorschriften keine Veränderung der Zölle bewirken würden.[499]
Die Absorptionszölle bleiben weiterhin eines der Hauptthemen der U.S.-Antidumpingdebatte. Sollte der *Congress* sich irgendwann entscheiden, wichtige Veränderungen im U.S.-Recht durchzuführen, ist es sehr wahrscheinlich, dass dieses Thema wieder aufgegriffen wird.[500]

7. Antidumpingumgehung

Trotz des weiten Tatbestandes des internationalen Antidumpingrechts wird die Umgehung der Antidumpingbestimmung von einigen Vertragspartnern als eines der größten Probleme im internationalen Handel angesehen. Ausfuhren von Einzelteilen, die in den Exportstaaten nur noch zusammengeschraubt werden müssen oder in anderen Ländern montiert werden und dann ohne den fälligen Antidumpingzoll eingeführt werden, sollen aufgrund der Umgehung der Antidumpingmaßnahmen durch Anpassung der nationalen Gesetze als zollpflichtige Importe angesehen werden.[501]

a) Regelungen in der WTO

Nach schwierigen Verhandlungen hinsichtlich einer Vorschrift zur Verhinderung von Umgehungsmöglichkeiten der Antidumpingzölle in der Uruguay-Runde konnten sich die WTO-Mitgliedstaaten nicht auf eine gemeinsame Bestimmung einigen. Die EU und die USA hatten schon vor der

---

498 Mastel, Antidumping Laws and the U.S. Economy, S. 103.
499 Mastel, Antidumping Laws and the U.S. Economy, S. 133.
500 Mastel, Antidumping Laws and the U.S. Economy, S. 133.
501 Park, Regelung und Praxis des Antidumpingrechts, S. 168.

Uruguay-Runde nationale Umgehungsvorschriften in ihren Antidumpinggesetzen verankert. Der „Dunkel Draft“ beinhaltete zwar die Annahme von Umgehungsmaßnahmen, doch konnte sich diese Bestimmung in dem Antidumpingübereinkommen letztlich nicht durchsetzen.[502]

Im April 1997 hat das WTO-Komitee für Antidumping eine Arbeitsgruppe für *„Anti-Circumvention“* gegründet, um die Verhandlungen in diesem Thema voranzubringen. Die WTO-Mitglieder entschieden sich, das ungelöste Thema der *„Anti-Circumvention“* auf der vierten WTO Ministerial-Konferenz in Doha im November 2005 erneut zu behandeln. Auf dieser Konferenz beschlossen die Mitglieder, Verhandlungen für spezifische Punkte in Bezug auf die Anti-Umgehung abzuhalten. Obwohl die Verhandlungen bis zum Jahr 2005 abgeschlossen sein sollten, blieb die Geschwindigkeit dieser Diskussionen vor allem wegen der unkooperativen U.S.-Antidumping-Politik der letzten Jahre außerordentlich langsam.[503]
Das Scheitern der fünften WTO Ministerkonferenz in Cancun im September 2003 würgte den Prozess einer erfolgreichen Verhandlung von *„Anti-Circumvention“*-Regelungen vollständig ab. Momentan scheint es wenig realistisch, dass die Arbeitsgruppe für *„Anti-Circumvention“* in näherer Zukunft in der Lage sein wird, neue multilaterale *„Anti-Circumvention“*-Vorschriften auszuarbeiten.[504]

b) Tatbestand in der EU

In der EU werden die Umgehungshandlungen in Art. 13 AD-GVO geregelt in drei Grundformen aufgeteilt:

- Wenn die Produkte in Einzelteilen in die Gemeinschaft eingeführt werden und in sog. „Schraubenzieherfabriken“ montiert werden.[505] Die Montage kann auch in einem Drittland durchgeführt werden.[506]

---

502 Park, Regelung und Praxis des Antidumpingrechts, S. 169.
503 Ostoni, Anti-Dumping Circumvention in the EU and the US, in: Fordham Journal of Corporate & Financial Law 2005, S. 407 (414 f.).
504 Ostoni, Anti-Dumping Circumvention in the EU and the US, in: Fordham Journal of Corporate & Financial Law 2005, S. 407 (416).
505 Art. 13 Abs. 1 AD-GVO.
506 Art. 13 Abs. 2 AD-GVO.

- Wenn die Ware soweit verändert wird, dass sie zollrechtlich in eine andere Kategorie fällt und so nicht vom Antidumpingzoll erfasst wird.[507]
- Wenn die Vertriebsmuster und -kanäle neu organisiert werden, um einen anderen Warenursprung vorzutäuschen.[508]

c) Tatbestand in den USA

Die *„Anticircumvention“*-Bestimmung in den Vereinigten Staaten gibt vor, dass der Antidumpingzoll auch auf die Montage notwendiger Einzelteile erstreckt werden kann, wenn diese aus dem Land stammen, auf welche bereits ein Antidumpingzoll festgesetzt wurde und der Wertzuwachs durch die Montage nur gering ist. Das DOC prüft dabei die Beziehung zwischen Monteur und Exporteur und berücksichtigt die Handelsstrukturen.[509]
Im U.S.-Recht[510] finden sich vier verschiedene Fälle, in denen Antiumgehungszölle verhängt werden können:

- wenn der Verkauf aus derselben Gruppe oder Kategorie stammt wie der Verkauf des Produktes, welches gerade Objekt der Antidumpingzölle ist, es in den USA vervollständigt oder zusammengebaut wird und die Komponenten aus dem Fremdland stammen, gegen das die Antidumpingzölle verhängt wurden. Außerdem muss die Vervollständigung innerhalb der USA *„minor or insignifikant“* sein und der Wert der originalen Teile eine signifikante Bedeutung im Verhältnis des gesamten Produktes haben;

- wenn eine Ware aus derselben Gruppe oder Kategorie stammt wie das Produkt, gegen das sich die Antidumpingzölle richten und es importiert wird, nachdem es in einem Zwischenland zusammengebaut wurde. Diese Tätigkeit in dem Drittland darf sich nicht als geringfügig erweisen und der Wert der originalen Anteile muss eine wichtige Bedeutung im Verhältnis zum Wert des gesamten Produktes haben;

507 Art. 13 Abs. 1 AD-GVO.
508 Art. 13 Abs. 1 AD-GVO.
509 Park, Regelung und Praxis des Antidumpingrechts, S. 171.
510 19 U.S.C. § 1677 j.

- Wenn sich das Produkt, das Gegenstand einer Antidumpingmaßnahme ist, in geringer Hinsicht ändert;

- Wenn das Produkt ohne substanzielle Veränderung der Eigenschaften verstärkt hergestellt wird, nachdem die Antidumpinguntersuchung eingeleitet wurde.[511]

d) Sonstige Voraussetzungen

Um Antidumpingmaßnahmen erlassen zu können, muss nach dem U.S.-Recht der Zusammenhang zwischen dem umgehenden Produzenten, der in dem Herstellungsland lokalisiert wurde und dem „Original-Dumper", bewiesen werden.

Im EU-Recht gibt es keine entsprechende Voraussetzung.
Allerdings ist stattdessen im EU-Recht erforderlich, damit der Montagevorgang als Umgehungshandlung gesehen werden kann, dass die verwendeten Teile ihren Ursprung in dem Land haben, für das Antidumpingmaßnahmen gelten.[512]
Es wird somit praktisch auch eine Beziehung zwischen Hersteller und ursprünglichem „Dumper" vorausgesetzt.
Im EU-Recht wird ein definierter Prozentsatz angegeben, zu dem die Teile aus dem Land, welchem Antidumpingzölle auferlegt wurden, stammen müssen. Dies sind 60% der Gesamtmenge der hergestellten Teile.[513] Dagegen beinhalten die U.S.-Vorschriften, dass die Montagehandlung geringfügig oder unwichtig sein muss und dass die Menge der Ware, die im Dumpingland produziert wurde, einen signifikanten Anteil des Wertes, der in die USA exportiert wurde, ausmachen muss,[514] sodass sich die Bestimmungen auch hier ähneln.[515]

---

[511] Vgl. Darstellung von Ostoni, Anti-Dumping Circumvention in the EU and the US, in: Fordham Journal of Corporate & Financial Law 2005, S. 407 (422 ff.).

[512] Art. 13 Abs. 2 Nr. a) AD-GVO.

[513] Art. 13 Abs. 2 Nr. b) AD-GVO.

[514] 19 U.S.C. § 1677 j (b)(1)(C) und (D).

[515] Ostoni, Anti-Dumping Circumvention in the EU and the US, in: Fordham Journal of Corporate & Financial Law 2005, S. 407 (426 Fn. 105).

e) WTO-Konformität

Auch wenn es Unterschiede in den Definitionen der Umgehungspraxis und den Verwaltungsmaßnahmen für die Auslegung des WTO-ADÜ gibt, sanktionieren sowohl U.S.-Vorschriften als auch EU-Regelungen die Antidumpingumgehung, wenn diese durch Herstellungsvorgänge in Drittländern erreicht werden.[516]

Die Frage der Zulässigkeit von Sanktionen gegen Antidumpingumgehungen durch Monatage in Drittländern *(„assembly circumvention")* hängt eng mit der Definition des Ursprungs der Ware, gegen die die Antidumpingmaßnahme gerichtet werden soll, zusammen.[517]

Wenn die Montagehandlung im Drittland nicht die Ursprungsbestimmung des Produktes ändert, dann dürfte kein Zweifel über die Vereinbarkeit mit dem WTO-ADÜ bestehen. In der Tat wird ein Produkt, welches in einem Drittland montiert wird, immer noch als formal aus dem Land stammend angesehen, gegen das die Antidumpingmaßnahmen erlassen wurden. Daher scheint der Import des Produkts innerhalb der Reichweite der ursprünglich erlassenen Antidumpingmaßnahme zu liegen.[518]

aa) Montage innerhalb eines Drittlandes

Schwieriger wird es jedoch, wenn der Montagevorgang einen Wechsel in der Bestimmung des Ursprungslandes zu Folge hat. Wenn nämlich die Herstellungs- oder Vervollständigungshandlung eine Änderung der Ursprungsbestimmung des Produktes bewirkt, dann beinhaltet die Einbeziehung dieser Ware in die Antidumpingmaßnahme eine Ausweitung derselben auf eine Importhandlung, die nicht Gegenstand der ursprünglichen Antidumpingmaßnahme war. Dies wäre nicht vereinbar mit dem WTO-ADÜ, welches eine Feststellung bzgl. Dumping und Schädigung voraussetzt.[519]

Weder die EU noch die USA haben eine Umgehungsvorschrift geregelt, die die unter Art. 5 und 6 WTO-ADÜ vorausgesetzte Prüfung vorschreibt. Stattdessen wird die Einbeziehung der Ware in den Regelungsbereich der

---

516 EU: Art. 13 Abs. 2 Nr. b AD-GVO; USA: 19 U.S.C. § 1677 j.

517 EU: Art. 13 Abs. 2 Nr. b); USA: 19 U.S.C. § 1677 j.

518 Ostoni, Anti-Dumping Circumvention in the EU and the US, in: Fordham Journal of Corporate & Financial Law 2005, S. 407 (427).

519 Ostoni, Anti-Dumping Circumvention in the EU and the US, in: Fordham Journal of Corporate & Financial Law 2005, S. 407 (427 f.)

Antidumpingmaßnahme hauptsächlich auf die Tatsache gestützt, dass die Teile oder Komponenten des Produktes aus dem Land stammen, gegen das die ursprüngliche Antidumpingmaßnahme gerichtet war.[520]
Wenn ein Wechsel in der Bestimmung des Ursprunglandes der gedumpten Ware stattfindet, kann daher die Ausweitung der Antidumpingzölle im Falle der Drittlandsmontage – ohne eine weitere Antidumpinguntersuchung – in einer Verletzung der WTO-ADÜ resultieren.[521]

bb) Montage innerhalb der Gemeinschaft

Ein weiteres Problem, welches die Vereinbarkeit der EU und U.S.-Anti-Umgehungsvorschriften mit dem Art. 4 WTO-ADÜ betrifft, ist die Ausweitung der Antidumpingzölle im Falle der Montage, die innerhalb des Gemeinschaftsmarktes stattfindet. Dieser Fall ist dem Fall der Montage in Drittländern ähnlich.[522]
Sowohl nach den Vorschriften des U.S.-Rechts als auch denen des EU-Rechts kann eine Zollumgehung vorliegen, wenn Teile oder Komponenten aus Dumpingländern importiert und innerhalb des Gemeinschaftsmarktes montiert werden und die Montagehandlung im Hinblick auf den vollständigen Herstellungsprozess nicht wirtschaftlich relevant ist.[523]

Für den Fall einer Drittlandsmontage sind sowohl in den Vorschriften der EU als auch denen der USA Kriterien für die Definition der Relevanz der Montagehandlung geregelt. Bei der Montage im Gemeinschaftsland ist äußerst problematisch, dass die Ausweitung der Antidumpingzölle auf Produkte gerichtet ist, die nicht *'like products'* im Sinne des Antidumpingrechts sind, sondern verschiedene Komponenten oder Teile des gedumpten Produkts. Denn in solch einem Fall ist die Sanktion auf Produkte gerichtet, die nicht im technischen Sinne „gedumpt" sind. Dies ist nicht mit dem WTO-ADÜ zu vereinbaren.[524]

---

520 Ostoni, Anti-Dumping Circumvention in the EU and the US, in: Fordham Journal of Corporate & Financial Law 2005, S. 407 (428).
521 Park, Regelung und Praxis des Antidumpingrechts, S. 173 f.
522 Ostoni, Anti-Dumping Circumvention in the EU and the US, in: Fordham Journal of Corporate & Financial Law 2005, S. 407 (429).
523 EU: Art. 13 Abs. 2 AD-GVO; USA: 19 U.S.C. § 1677 j.
524 Art. 6.2 WTO-ADÜ; vgl. Ostoni, Anti-Dumping Circumvention in the EU and the US, in: Fordham Journal of Corporate & Financial Law 2005, S. 407 (429).

f) Bewertung

Wie die obige Untersuchung gezeigt hat, erlauben nationale *„Anti-Circumvention"*-Vorschriften die Ausweitung der Antidumpingmaßnahmen auf Importaktivitäten, die nicht Gegenstand der Antidumpinguntersuchung waren. Die Schaffung multinationaler Vorschriften innerhalb des WTO-ADÜ ist aus zwei Gründen wünschenswert: Zum einen würde die Regelung der Antidumpingumgehung im WTO-ADÜ einen Mindeststandard an Prozessregelungen zur Anwendung von Antidumpingmaßnahmen schaffen. Zum anderen würden solche bindenden Vorschriften die Kompetenzen der nationalen Gemeinschaftsbehörden bei der Ausweitung der Antidumpingmaßnahmen in Fällen der Antidumpingumgehung begrenzen.[525]

Generell sollten multilaterale Vorschriften über Antiumgehungsmaßnahmen keine Sanktionen bzgl. Drittstaatenumgehungen erlauben. Andererseits sollten multilaterale Antiumgehungsvorschriften eine Ausweitung der Antidumpingzölle nur im Hinblick auf die Ware regeln, die in der ursprünglichen Antidumpinguntersuchung geprüft wurde und dies auch nur in Fällen des fehlenden Nachweises einer Verbindung zwischen Dumping und der Umgehungshandlung.

Bis jetzt haben die Verhandlungen über eine multilaterale Antiumgehungsvorschrift noch nicht zu einem greifbaren Ergebnis geführt. Vielmehr war nicht nur die Verhandlungsrunde für Antiumgehung unfähig, eine Lösung zu finden, sondern sie war auch unfähig, das Konzept der Umgehung und die verschiedenen damit verbundenen Strategien zu definieren.[526]
Um die gegenwärtige Sackgasse in den Verhandlungen zu überwinden, sollte die Diskussion über die Antiumgehung angehoben werden auf das Level der Verhandlungen über die Regelungen des Warenursprungs und der Antidumpinggesetzgebung, anstatt die Antiumgehung isoliert zu betrachten. Im Einzelnen wären bereits Vorschriften über den Warenursprung, basierend auf den spezifischen Herstellungsprozessen hilfreich. Diese, zusammen mit neuen Regelungen über die Weite von Antidumping-Untersuchungen bzgl. des *„like-*

---

[525] So bereits Park, Regelung und Praxis des Antidumpingrechts, S. 177.
[526] Ostoni, Anti-Dumping Circumvention in the EU and the US, in: Fordham Journal of Corporate & Financial Law 2005, S. 407 (437).

product" sowie die von der Untersuchung Betroffenen, würden indirekt einer multilateralen Antiumgehungs-Gesetzgebung zugute kommen.[527]

g) Byrd Amendment

Am 08. Februar 2006 unterschrieb der damalige U.S.-Präsident George W. Bush einen Gesetzesentwurf, der das sog. Byrd Amendment (offiziell bezeichnet als „the Continued Dumping and Subsidy Offset Act" (CDSOA), 19 U.S.C. § 1675 c) mit Wirksamkeit vom 1. Oktober 2007 außer Kraft setzte.
Das Byrd Amendment stellt den Grund für einen weiteren erheblichen Unterschied zwischen dem U.S.- und dem EU-Antidumpingsystem und zwar hinsichtlich der Verwendung der Antidumpingzölle, dar.[528]

Nach diesem Gesetz über Ausgleichzahlungen für anhaltende Dumping- und Subventionsverfahren vom 28. Oktober 2000 zahlte die U.S.-Regierung die Zolleinnahmen aus Antidumping- und Antisubventionsverfahren an diejenigen Unternehmen aus, die als erste das entsprechende Verfahren angestrengt haben. Damit wurde den Unternehmen sogar ein Anreiz geschaffen, Antidumpingverfahren zu beantragen. Diese Ausgleichzahlungen sollten die Unternehmen nach den Antidumpingmaßnahmen dazu verwenden, um die bei der Produktion der von der Maßnahme betroffenen Ware entstandenen Kosten zu decken. Dies führte zu einem rasanten Anstieg der Antidumpingverfahren in den USA. Die amerikanischen Behörden legten ausländischen Unternehmen bereits innerhalb weniger Monate nach Verabschiedung des Byrd Amendments Strafzölle i.H.v. 50 Mio. Dollar.

aa) Anrufung des WTO-Panels durch die WTO-Mitglieder

Kurz nach in Kraft treten der Vorschrift fochten elf[529] Mitgliedstaaten – in einer in der Geschichte der WTO einmaligen Initiative – die WTO-Vereinbarkeit des

---

527 So bereits Ostoni, Anti-Dumping Circumvention in the EU and the US, in: Fordham Journal of Corporate & Financial Law 2005, S. 407 (437).

528 Pachmann, Das Verhältnis von Antidumping zum internationalen Antidumpingrecht, S. 53.

529 Australien, Brasilien, Chile, EU, Indien, Indonesien, Japan, Kanada, Korea, Mexico und Thailand.

Byrd Amendments an und beantragten die Einsetzung eines WTO-Panels. Sechs weitere Staaten[530] schlossen sich der Beschwerde als Drittparteien an.[531] Der WTO-Panel stimmte damit überein, dass das Byrd Amendment eine unzulässige „spezifische Aktion gegen“ Dumping darstelle und daher nicht mit den WTO-Regelungen zu vereinbaren sei. Außerdem betonte der Panel, dass die Vorschrift einen WTO-widrigen Anreiz für die Gemeinschaftsindustrie schaffen würde, Antidumpingmaßnahmen zu erlassen oder zu forcieren.[532]

bb) Umsetzung des Urteils durch die USA

Den Ausführungen des Appelate Bodys folgend, erklärten sich die Vereinigten Staaten verpflichtet, das Byrd Amendment bis zum 27. Dezember 2003 in Einklang mit der WTO zu bringen. Allerdings scheiterten die Verhandlungen des für die Ausarbeitung einberufenen Kongresses mangels Einigung.[533]

Erst im Oktober 2005 gelang es in einer Konferenz, sich über die Unwirksamerklärung der Vorschrift einig zu werden. Allerdings führten widerstreitende Interessen dazu, dass das effektive Datum des außer Krafttretens des Byrd Ammendments auf das Datum des 1. Oktobers 2007 verschoben wurde. Ergebnis dieses kleinsten gemeinsamen Nenners war, dass die Antidumpingzölle auf Waren, die die USA vor dem 1. Oktober 2007 in die USA eingeführt wurden, weiterhin Adressaten der Zollverteilung gemäß des Byrd Amendments blieben.[534]

cc) Verfahren vor dem U.S.-Court of International Trade

Zum Teil veranlasst durch die Verlängerung des Byrd Amentments bis zum Oktober 2007 wurde der Rechtsstreit hinsichtlich des Byrd Amendment fortgesetzt. Im April 2006 entschied der United States Court of International

---

530 Argentinien, Costa Rica, Hongkong, China, Israel und Norwegen.

531 Pachmann, Das Verhältnis von Antidumping zum internationalen Antidumpingrecht, S. 54.

532 Leibowitz/Stoel, Repeal of the Amendment – Foreign and Domestic Efforts Result in the End of a WTO-Illegal US-Practice, in: GTCJ, 2, 2007, S. 73 (74).

533 Leibowitz/Stoel, Repeal of the Amendment – Foreign and Domestic Efforts Result in the End of a WTO-Illegal US-Practice, in: GTCJ, 2, 2007, S. 73 (75).

534 Leibowitz/Stoel, Repeal of the Amendment – Foreign and Domestic Efforts Result in the End of a WTO-Illegal US-Practice, in: GTCJ, 2, 2007, S. 73 (76).

Trade, dass die Einführungsbestimmungen des Nordamerikanischen Freihandelsabkommens (NAFTA) die Ausschüttung von verhängten Antidumpingzöllen in Fällen betreffend Importe aus Kanada und Mexiko ausschließe.[535]

Im Juli machte das Gericht erneut Ausschüttungen aus der Byrd Amedment-Regelung in Fällen bezüglich bestimmter Importe aus Kanada. Ein zusätzlicher Fall wurde im Juli 2006 bezüglich Stahlimporten aus Mexiko entschieden. Diese Gerichtsurteile demonstrieren die enormen rechtlichen Probleme, die mit dem Byrd Amendment einhergehen. Das Byrd Amendment sollte außer Kraft gesetzt werden, weil es sich als WTO-widrig erwies und eine schlechte Wirtschaftspolitik der USA darstellte.[536]

dd) Bedeutung des Rechtsstreits für die globale Marktwirtschaft

Die Vorschrift war in dem enormen Irrglauben erlassen worden, dass Antidumpingmaßnahmen eine Rechtfertigung für Subventionen zugunsten der heimischen Hersteller geben würden. Der Kampf der WTO-Mitgliedstaaten gegen die Vorschrift war herausragend, aber letztlich waren die Bemühungen für das außer Kraft setzen des Byrd Amendment alleine wegen der Einbeziehung sowohl der heimischen als auch internationaler Interessen zugunsten einer Marktöffnungsinitiative erfolgreich.

Obwohl sogar das außer Kraft setzen der Vorschrift für fast zwei Jahre verzögert wurde, stellte es letztlich ein hoffnungsvolles Signal dafür dar, dass eine Kombination von heimischen und Außeninteressen – gerichtet auf Marktöffnung – erfolgreich sein kann.[537]

V. Rechtsschutz gegen Antidumpingmaßnahmen

Das Antidumpingverfahren ist als ein allgemeines Verwaltungsverfahren zu bewerten. Aus diesem Grund kommt auch im Antidumpingrecht dem

---

535 Leibowitz/Stoel, Repeal of the Amendment – Foreign and Domestic Efforts Result in the End of a WTO-Illegal US-Practice, in: GTCJ, 2, 2007, S. 73 (77).

536 Leibowitz/Stoel, Repeal of the Amendment – Foreign and Domestic Efforts Result in the End of a WTO-Illegal US-Practice, in: GTCJ, 2, 2007, S. 73 (77).

537 Leibowitz/Stoel, Repeal of the Amendment – Foreign and Domestic Efforts Result in the End of a WTO-Illegal US-Practice, in: GTCJ, 2, 2007, S. 73 (77).

Rechtschutz eine wichtige Bedeutung zu. Gegen die Zollfestsetzungen der nationalen Behörden können die Produzenten vorgehen. Die nicht kodifizierten Rechte der Beteiligten werden häufig im Verfahren durch Rechtsfortbildung der Gerichte vorgenommen.[538]

1. Rechtsschutzmöglichkeiten in der EU

Seit dem 31.10.1989 hat das Gericht erster Instanz in der Europäischen Gemeinschaft für das Prinzip der doppelten gerichtlichen Kontrolle seine Arbeit aufgenommen.[539] Allerdings wollte der Rat die endgültige Zuständigkeit des EuG erst zu einem späteren Zeitpunkt bestimmen[540], sodass die Klagen in Antidumpingangelegenheiten trotz des Vorschlags des EuGH durch die Entscheidung des Rates[541] zunächst nicht dem europäischen Gericht der ersten Instanz (EuG) zugewiesen wurden. Am 15.03.1994 legte sich jedoch der Rat letztlich fest, dass dem EuG auch die Zuständigkeit übertragen wird.[542]

Die Einhaltung der Verfahrensrechte der Beteiligten wird auf das Genauste durch den EuGH geprüft, da er sich den Anspruch gegeben hat, die Grundrechte der Wirtschaftsteilnehmer auf der Gemeinschaftsebene durchzusetzen. Um den Rechtsschutz beanspruchen zu können, muss der Klageberechtigte geltend machen, durch eine Maßnahme einer Behörde individuell und unmittelbar betroffen zu sein. Die Voraussetzungen der Klageberechtigung wurden von dem EuGH durch richterliche Rechtsfortbildung festgelegt. Danach waren zunächst nur Hersteller und Exporteure, die in den Verordnungen namentlich aufgeführt wurden, klageberechtigt. Diese enge Auslegung hat der EuGH jedoch mit seinem „Extramet"-Urteil aufgegeben. Dort ergab sich die unmittelbare Betroffenheit des Klägers aus einer besonderen wirtschaftlichen Situation.[543]

---

538 Park, Regelung und Praxis des Antidumpingrechts, S. 180.

539 Art. 168 a EWGV, Beschluss des Rates zur Errichtung eines Gerichts erster Instanz der Europäischen Gemeinschaft, ABl. EG Nr. L 318/1988 S. 1.

540 Beschluss des Rates vom 07.03.1994, ABl. EG Nr. L 66/29 (1994).

541 Art. 3 des Beschlusses zur Errichtung des EuG und Beschluss des Rates vom 08. Juni 1993.

542 Park, Regelung und Praxis des Antidumpingrechts, S. 181.

543 Park, Regelung und Praxis des Antidumpingrechts, S. 182.

Konsumenten und die durch verteuerte Vorprodukte betroffene Industrie, welche die Lasten der Antidumpingzölle tragen, sind jedoch nicht klagebefugt.[544]

Seitdem der EuGH in seiner Rechtssprechung anerkannt hat, dass bestimmte Grundverordnungen einer Inzidenterkontrolle gem. Art. 184 EG hinsichtlich ihrer Vereinbarkeit mit dem WTO-ADÜ unterliegen, können auch völkerrechtliche Verpflichtungen der Europäischen Gemeinschaft auf ihre Einhaltung hin überprüft werden, [545]
Auch die Entscheidungen der Europäischen Kommission werden gerichtlich nur hinsichtlich des zugrunde liegenden Sachverhaltes und offensichtlicher Beurteilungsfehler und Ermessensmissgebrauchs überprüft. Der Kommission kommt insoweit ein weiter Beurteilungsspielraum zu.[546]
Das Gericht beschränkt sich somit auf die Prüfung, ob die prozessualen Regeln und Verfahrensgarantien eingehalten und die Fakten genau festgestellt wurden und ob eindeutige Fehler bei der Würdigung des Sachverhaltes festzustellen sind oder ein Missbrauch der Macht erkennbar ist.[547]
Im Bereich des Antidumpingrechts stehen den Beteiligten grundsätzlich alle Verfahrensarten zur Verfügung, die der EG vorsieht.[548]

a) Nichtigkeitsklage

In erster Linie besteht die Möglichkeit, Handlungen, die im Rahmen eines Antidumpingverfahrens seitens der Gemeinschaftsorgane vorgenommen werden, mittels einer Nichtigkeitsklage gem. Art. 230 Abs. 2 und 4 EG direkt vor dem Gericht erster Instanz anzufechten. Damit stellt die Nichtigkeitsklage das wichtigste Instrument für den Rechtsschutz gegen Maßnahmen im Bereich des Antidumpingrechts dar.[549] Es können nur solche Gemeinschaftsakte Gegenstand einer solchen Klage sein, die für den Kläger rechtlich verbindlich sind und dessen Interessen beeinträchtigen, indem sie in seine Rechtstellung

[544] Düker, Rechtsschutz gegen Antidumpingmaßnahmen in der Europäischen Gemeinschaft, S. 128 f., 132.
[545] EuGH, Rs. C-69/89, *Nakajima./.Rat,* Slg. 1991 I, 2069 Rn. 26 ff.
[546] Park, Regelung und Praxis des Antidumpingrechts, S. 182 f.
[547] Rabe/Schütte, EC Anti-Dumping Law: Current Issues in the Light of the Jurisdiction of the Court, in: Common Market Law Review, 26, 1989, S. 643 (648).
[548] Düker, Rechtsschutz gegen Antidumpingmaßnahmen, S. 97.
[549] Düker, Rechtsschutz gegen Antidumpingmaßnahmen, S. 101.

eingreifen.[550] Dabei spielt es keine Rolle, in welcher Form die Gemeinschaftsorgane tätig geworden sind.[551] Demnach ist der Begriff „Entscheidung“ in Art. 230 Abs. 4 EG nicht dahingehend zu interpretieren, dass es sich bei dem angegriffenen Gemeinschaftsakt formell um eine Entscheidung im Sinne von Art. 249 Abs. 4 EG handeln muss, sodass ein Rechtsschutz unabhängig von der von den Gemeinschaftsorganen jeweils gewählten Handlungsform sichergestellt ist.[552]

b) Vorabentscheidungsverfahren

Der jeweilige Zollerhebungsbescheid der nationalen Zollbehörden kann vor den zuständigen nationalen Gerichten angefochten werden.[553]
Bei Zweifeln an der Gültigkeit oder Auslegung der Gemeinschaftsmaßnahme kann das nationale Gericht sich an den EuGH gem. Art. 234 Abs. 2 EG im Wege des Vorabentscheidungsverfahrens wenden, wenn es die Klärung dieser Zweifel für eine Entscheidung für erforderlich hält. Sind die Zweifel and der Rechtmäßigkeit dagegen so tiefgreifend, dass das mitgliedstaatliche Gericht die Gemeinschaftsmaßnahme überhaupt nicht anwenden will, besteht für das angerufene Gericht sogar die Pflicht zur Einleitung eines solchen Verfahrens.[554]
Über diesen Weg ist es möglich, die dem konkret angegriffenen nationalen Durchführungsakt zugrunde liegende Gemeinschaftshandlung inzident anzugreifen.[555]

---

550 EuGH, Rs. 60/81, *IBM/Kommission,* Slg. 1981, 2639, Rn. 9; Habermann/Pietzsch, Individualrechtsschutz im EG-Antidumpingrecht, in: Beiträge zum Transnationalen Wirtschaftsrecht 24, 2004, S. 1 (2).

551 EuGH, verb. Rs. 789 und 790/79; Berrisch/Kamann, in: Grabitz/Hilf, E 10, Rn. 15.

552 EuGH, verb. Rs. 789 und 790/79, *Calpak u.a./Kommission,* Slg. 1980 (1949), Rn. 7; Berrisch/Kamann, in: Grabitz/Hilf, E 10, Rn. 15.

553 In der Bundesrepublik Deutschland z.B. ist der Finanzgerichtsweg eröffnet, § 33 i.V.m. § 35 FGO.

554 EuGH, Rs. 314/85, *Foto Frost/Hauptzollamt Lübeck-Ost,* Slg. 1987, S. 4199 (4229) Rn. 10 ff.; Düker, Rechtsschutz gegen Antidumpingmaßnahmen in der Europäischen Gemeinschaft, S. 103.

555 Düker, Rechtsschutz gegen Antidumpingmaßnahmen in der Europäischen Gemeinschaft, S. 102 f.; Habermann/Pietzsch, Individualrechtsschutz im EG-Antidumpingrecht, in: Beiträge zum Transnationalen Wirtschaftsrecht, 24, 2004, S. 1 (24 f.).

c) Untätigkeitsklage

Ist das Begehren der Beteiligten nicht nur auf die Aufhebung der Antidumpingmaßnahme, sondern auch auf die Vornahme einer Handlung innerhalb des Antidumpingverfahrens gerichtet, steht dem Beteiligten zur Durchsetzung seiner Rechte grundsätzlich die Untätigkeitsklage gem. Art. 232 EG zur Verfügung. Diese spielt allerdings in der Praxis kaum eine Rolle, da die AD-GVO für das Tätigwerden der Behörden eine Ausschlussfrist von 15 Monaten vorgibt. In Anbetracht der Dauer eines gerichtlichen Verfahrens sind Untätigkeitklagen daher nahezu ohne praktischen Nutzen.[556] Dementsprechend ist im Bereich des Antidumpingrechts erst einmal eine Untätigkeitsklage erhoben worden.[557]

d) Schadensersatzklage

Grundsätzlich besteht die Möglichkeit, den durch rechtswidriges Handeln oder Unterlassen der Gemeinschaftsorgane entstandenen Schaden gem. Art. 235, 288 Abs. 2 EG mit einer Schadensersatzklage gerichtlich geltend zu machen. Allerdings waren angesichts des weiten Ermessensspielraums der Kommission die Erfolgsaussichten in solch einem Verfahren im Antidumpingrecht als eher gering zu bewerten.[558]

e) einstweiliger Rechtsschutz

Unter den allgemeinen Voraussetzungen für eine Anordnung der Aussetzung der Durchführung einer angefochtenen Gemeinschaftsmaßnahme durch den EuGH bzw. das EuG, kann auch im Antidumpingrecht einstweiliger Rechtsschutz begehrt werden.[559] In Betracht kommt insoweit insbesondere ein

---

556 Berrisch/Kamann, in: Grabitz/Hilf, E 10, Rn. 93; Habermann/Pietzsch, Individualrechtsschutz im EG-Antidumpingrecht, S. 25; Düker, Rechtsschutz gegen Antidumpingmaßnahmen der Europäischen Gemeinschaft, S. 104.

557 Bisher wurde erst in einem Fall Untätigkeitsklage erhoben: EuG, Rs. T-212/95, *Officemen/Kommission*, Slg. 1997, S. II-1161 (1181), Rn. 65-68; vgl. Düker, Rechtsschutz gegen Antidumpingmaßnahmen in der Europäischen Gemeinschaft, S. 104.

558 Berrisch/Kamann, in: Grabitz/Hilf, E 10, Rn. 94 ff.; Habermann/Pietzsch, Individualrechtsschutz im EG-Antidumpingrecht, S. 26.

559 Allgemein zum einstweiligen Rechtsschutz vgl.: Wegener, in: Rengeling/Middeke/Gellermann, Handbuch des Rechtsschutzes in der Europäischen Union, § 19.

Antrag auf Aussetzung eines eingeführten Antidumpingzolls. In der Praxis allerdings lehnten die Gemeinschaftsgerichte einen solchen Aussetzungsantrag regelmäßig mangels Dringlichkeit der Aussetzung ab.[560] Grund dafür ist das strenge Erfordernis des „nicht oder nur schwer wieder gutzumachenden Schadens“, den das EuG und der EuGH grundsätzlich nicht bei finanziellen Schäden infolge der Erhebung eines Antidumpingzolls als gegeben ansehen.[561] Daher wird der Antragsteller in solchen Verfahren auf die Möglichkeit einer Schadensersatzklage verwiesen, sodass die Erfolgsaussichten beim einstweiligen Rechtsschutz als eher gering einzuschätzen sind.[562]

2. Gerichtlicher Rechtsschutz in den USA

Die Entscheidungen der Exekutive im Antidumpingverfahren sind der gerichtlichen Überprüfung durch den *Court of International Trade* (CIT) als erstinstanzliches Gericht, den *Court of Appeal fort the Federal Circuit* (CAFC) als Berufungsgericht und den *Supreme Court* als Revisionsgericht unterworfen.[563]

Das Antidumpingrecht der Vereinigten Staaten unterscheidet zwischen Rechts- und Tatfragen; es enthält zwei Prüfungsmaßstäbe für die richterliche Überprüfung der tatsächlichen Feststellungen des Department of Commerce. Die richterliche Kontrolldichte hängt bei der Beurteilung von Rechtsfragen davon ab, ob die konkret zu beurteilende Vorschrift bei ihrer Auslegung und Anwendung auf den zu entscheidenden Sachverhalt Fragestellungen aufwirft, deren Beantwortung spezielle, außerhalb des juristischen Wissens liegende Kenntnisse erfordert, oder ob es sich um Rechtsnormen handelt, deren Inhalt sich im Bereich üblicher rechtswissenschaftlicher Praxis befindet.[564]

---

560 Vgl. z.B. EuGH, Rs. C-6/94 R, *Descom Scales/Rat,* Slg. 1994, I-867, Rn. 16; EuG, Rs. T-2/95 R, *IPS/Rat,* Slg. 1995, II-485, Rn. 28; vgl.: Habermann/Pietzsch, Individualrechtsschutz im EG-Antidumpingrecht, S. 27.

561 Düker, Rechtsschutz gegen Antidumpingmaßnahmen in der Europäischen Gemeinschaft, S. 109; Habermann/Pietzsch, Individualrechtsschutz im EG-Antidumpingrecht, S. 27.

562 Habermann/Pietzsch, Individualrechtsschutz im EG-Antidumpingrecht, S. 27.

563 Pachmann, Das Verhältnis von Antidumpingrecht und internationalem Wettbewerbsrecht, S. 49

564 Nettesheim, Ziele des Antidumping- und Antisubventuionsrechts, S. 55 f.

Hinsichtlich der Anwendung der materiellen Voraussetzungen des Dumpingtatbestandes hat das DOC danach einen weiten Ermessensspielraum.[565] Eine endgültige Entscheidung der Behörde wird daraufhin untersucht, ob sie durch nachhaltige Beweise begründet wurde oder ob sie dagegen auf irgendeine andere Weise nicht mit geltendem Recht zu vereinbaren ist.[566] Prüfungsmaßstab für die richterliche Kontrolle sind dabei die tatsächlichen Feststellungen der DOC und ITC. Das CIT hat dabei nicht das Recht, die Entscheidungen oder Interpretationen der ITA und/oder der ITC aufzuheben, wenn diese Entscheidungen ausreichend annehmbar begründet wurden.[567]

Bei der Beurteilung der Auslegung und Anwendung von Verfahrensvorschriften legen die amerikanischen Gerichte dagegen einen strengeren Prüfungsmaßstab an. Im amerikanischen Verwaltungsprozess gilt die Vermutung, dass Maßnahmen der Verwaltung rechtmäßig sind.[568]
Bezüglich der Tatfragen normiert 19 U.S.C. § 516 A (b) den „*Substancial-Evidence*"-Test und den „*Willkürtest*". Welcher Test zur Anwendung kommt, hängt von Einzelfall ab. Nach dem „*Substancial-Evidence*-Test" wird das Gericht die angegriffene Verwaltungsentscheidung für rechtswidrig erklären, wenn sie *„[...]unsupported by substancial evidence [...] or otherwise not in accordance with law"*[569] ist. Generell wird der „*Substancial-Evidence*-Test" dahingehend interpretiert, dass er höhere Anforderungen an die richterliche Kontrolldichte stellt als der *Willkürtest*, wonach das Gericht die angegeriffene Entscheidung für rechtswidrig erklärt, wenn sie *„[...]arbitrary, caprizious, an abuse of discretion, or otherwise not in accordance with law"*[570] ist.[571]

---

565 *Smith-Carona Group vers. United States,* 785 Fed. 2d 994, 997 (fed. Cir. 1986); vgl.: Pachmann, Das Verhältnis von Antidumping zum internationalen Wettbewerbsrecht, S. 49; Park, Regelung und Praxis des Antidumpingrechts, S. 184; Nettesheim, Ziele des Antidumping- und Antisubventionsrechts, S. 56.

566 19 U.S.C., § 516 a (b)(1)(B).

567 *American Lamb Corperation v. United States*, 785 Fed. 2d 994, 997 (Fed. Cir. 1986).

568 *Cititins to Preserve Overton Park v. Volpe,* 401 U.S. 402, 91 S.Ct. 814, 823, 28 L. Ed. 2d. 136 (1971); vgl. Nettesheim, Ziele des Antidumping- und Antisubventionsrechts, S. 56.

569 19 U.S.C. § 516 A (b)(1)(B).

570 19 U.S.C. § 516 A (b)(1)(A).

571 Nettesheim, Ziele des Antidumping- und Antisubventionsrechts, S. 56; Park, Regelung und Praxis des Antidumpingrechts, S. 184.

3. Bewertung der verschiedenen Verfahrensausgestaltungen

Die Entscheidungen der Europäischen Kommission sowie der U.S.-Antidumpingbehörden werden gerichtlich nur hinsichtlich des zugrunde liegenden Sachverhaltes und offensichtlicher Beurteilungsfehler und Ermessensmissgebrauchs überprüft, da den Behörden im Antidumpingverfahren ein weiter Beurteilungsspielraum zukommt.[572]

Auch wenn sich die Bewertung der komplexen wirtschaftlichen Kriterien den exakten juristischen Tatbeständen entziehen, so ist es dennoch nicht ausreichend, im Rechtsschutz vor Gericht nur die Überprüfung der Verfahrensrechte einzuräumen. Wenn eindeutige Definitionen der ökonomisch wichtigen Begriffe in den Vorschriften des Antidumpingrechts vereinbart würden, dann könnten wirtschaftliche Tatsachen trotz des weiten Ermessens der Behörden durch die Gerichte leichter ausgelegt und überprüft werden.[573]
Problematisch ist zudem, dass Berechnungsweisen und Methoden der Berechnung der Dumpingspannen weder gerichtlich überprüft noch korrigiert werden.[574] Ein Ermessensmissbrauch der Behörden wird nur schwer zu beweisen sein, sodass fehlerhaft zu hoch berechnete Dumpingmargen nicht aufgedeckt werden können.

Außerdem erfahren die Entscheidungen der Behörde (pauschal?) oft eine rechtliche Bestätigung der Gerichte, da diese bei Streitigkeiten über eine neue Regelung grundsätzlich zu Gunsten der Behörden und entscheiden.[575]
Aus diesem Grunde ist festzustellen, dass detailliertere Tatbestände im WTO-ADÜ erforderlich sind, um größere Transparenz und Kontrolle der Antidumpingmaßnahmen zu gewährleisten. Die Gerichte währen dann in der Lage, die Auslegungen durch die nationalen Antidumpingbehörden besser nachzuvollziehen und an den multilateralen Vorschriften zu messen. Damit verbunden ist unumgänglich eine Schmälerung der (ausufernden) Ermessensspielräume der nationalen Antidumpingbehörden.

---

572 Park, Regelung und Praxis des Antidumpingrechts, S. 186.
573 Park, Regelung und Praxis des Antidumpingrechts, S. 186.
574 Park, Regelung und Praxis des Antidumpingrechts, S. 184.
575 Bzgl. des U.S.-Rechts: Nettesheim, Ziele des Antidumping- und Antisubventionsrechts, S. 56; bzgl. des EU-Rechts: Park, Regelung und Praxis des Antidumpingrechts, S. 184.

VI. Betrachtung der verschiedenen Antidumpingsysteme

Sowohl die europäische als auch die amerikanische Ausgestaltung der Antidumpingregelungen beinhalten – im Hinblick auf die voranschreitende Globalisierung des Handels – zweifelhafte Bestimmungen. So ist vor allem die Auswahl der Berechnungsmethode des Dumpings geeignet, das Ergebnis der Antidumpinguntersuchung entscheidend zu beeinflussen. Auch durch die Auswahl der Vergleichsländer bei dem konstruierten Normalwert und des Ausfuhrpreises können die prüfenden Behörden die Ergebnisse ihrer Untersuchungen in gewünschte Richtungen lenken und Dumpingmargen willentlich in die Höhe treiben.
Hier greift vor allem die Europäische Gemeinschaft viel zu häufig auf den konstruierten Normalwert, der nicht zuletzt auch wegen der Einbeziehung der Produktionskosten, welche eine unsichere, manipulierbare und nicht genau zu bestimmende Größe darstellt, zurück. Um einen fairen Vergleich zu gewährleisten, müssten sowohl der Normalwert als auch der zugrunde gelegte Gewinn den tatsächlichen wirtschaftlichen Verhältnissen entsprechend bestimmt werden.[576]

Die USA sind vor allem hinsichtlich ihrer Berechnungspraxis des „Zeroings“ zu kritisieren. Sowohl in der EU als auch in den USA hat die Prüfung der Verkäufe unter den Produktionskosten einen zu großen Anteil angenommen, da es sich mittlerweile nur noch um ein Mittel zur Überprüfung der Preispolitik von ausländischen Unternehmen handelt.

Das im EU-Antidumpingrecht am stärksten zu kritisierende Merkmal ist die fehlende Transparenz des Antidumpingverfahrens. Die Kommission verfügt über einen enorm großen Ermessensspielraum und die gesetzlichen Vorschriften hinsichtlich der Verfahrensabläufe sind zu wenig detailliert.
Dagegen haben die USA sehr genaue Verfahrensvorschriften, was eine Überprüfbarkeit erleichtert. Dies bringt allerdings nicht nur Vorteile mit sich, da die sehr formalistischen und detaillierten Vorschriften beispielsweise zu einer enormen Kostensteigerung im Verfahren führen. Auch ist zu kritisieren, dass das U.S.-Recht die Interessen der Gemeinschaft nicht angemessen berücksichtigt, da sie keinen „Public-Interest-Test“ durchführt.

---

[576] Pachmann, Das Verhältnis von Antidumping zum internationalen Wettbewerbsrecht, S.79 f.

Es ist somit festzustellen, dass weder das Antidumpingrecht der EU, noch das der USA einen wirksamen Schutz vor Dumping auf der Grundlage der Förderung des internationalen Handels bieten.

Vielmehr werden Antidumpingmaßnahmen zunehmend zugunsten des Schutzes der Gemeinschaftsindustrie funktionalisiert.
In einem vollständig gemeinschaftlichen Kontext könnte daher die Frage aufkommen, warum eine Regierung ein Gesetz erlässt, das die Verbraucher davor schützen soll, billigere importierte Waren käuflich zu erwerben. Doch die Regierungen verteidigen ihr Antidumpingrecht und ziehen eine Lockerung der Vorschriften kaum – wenn überhaupt – in Erwägung. Tatsächlich bestimmt die aktuelle Doha-Agenda lediglich, *„to clarify and improve"* diese Vorschriften, während ihre Basisregelungen erhalten bleiben sollen. Nicht ein Wort wird darüber verloren, ob die Antidumpingregelungen noch tatsächlich notwendig sind.[577]

Vor dem Hintergrund der protektionistischen Interessen der einzelnen WTO-Mitglieder und ihrem latenten Streben nach gemeinschaftlicher Souveränität, soll hier jedoch nicht das optimistische Verlangen nach einer Abschaffung der Antidumpingregelungen gemacht werden. Die Frage, die hier zu stellen ist sollte nicht heißen: „sein oder nicht sein", sondern vielmehr: „Wie sollte es sein?".

Genau diese Frage sollten die Vorschriften im WTO-ADÜ beantworten. Ein internationales Übereinkommen hinsichtlich der Dumping-Praktiken würde die Mehrheit von Dumping für zulässig erklären und die Formen des unzulässigen Dumpings beschreiben. Diese Definitionen würden auf einer globalen/multilateralen und international angepassten Wohlfahrtsbasis gebildet und den Fokus auf *„Predatory-Dumping"* mit dem Potenzial der Monopolisierung internationaler Märkte richten.[578]

---

577 Broude, An Anti-dumping „To be or Not To BE", in Five Acts: A New Agenda For Research and Reform, in: Journal of World Trade, 2, 2007, 305 (305 f.).

578 Broude, An Anti-dumping „To be or Not To BE", in Five Acts: A New Agenda For Research and Reform, in: Journal of World Trade, 2, 2007, 305 (328).

Solch eine Regelung im WTO-ADÜ wäre eine wirkungsvolle, aber auch vergleichsweise umsetzbare Maßnahme zur Begrenzung von lateralen Gemeinschaftsinteressen innerhalb der Antidumpingmaßnahmen.
Darüber hinaus sind die Gemeinschaften dazu angehalten, im Interesse der globalen Marktwirtschaft zu handeln und ihre Rechtsordnungen demgemäß auszugestalten.

E. Fazit und Schlussbetrachtung

Das Problem der Antidumpingmaßnahmen besteht in dem Risiko, dass es sich um die Abwehr fairer, aber überlegener Konkurrenz und nicht um die Abwehr von Dumping handelt. Angesichts einiger vager Bestimmungen in ihren Antidumpinggesetzen ist es nicht weiter verwunderlich, dass Kritiker dem U.S.- als auch dem EU-Recht versteckten Protektionismus vorwerfen. Es wird erkennbar, dass vor allem die USA möglicherweise etwas zu einem *„unbalanced country"* tendieren, indem sie sich so sehr auf die Schrankeninteressen konzentrieren, dass die Handelsliberalität zunehmend verblasst.[579]

Vor allem die extensiv interpretierte Funktion des „Gemeinwohlbelanges Außenpolitik" verstößt gegen den gewohnheitsrechtlich anerkannten Grundsatz der begrenzten Ausnahmen. Eingriffe in die Handelsfreiheit sind nicht mehr vorhersehbar. In den USA haben zahlreiche Lobbies ein relativ leichtes Spiel, bei entsprechendem Einfluss ihre jeweiligen Interessen exzessiv durchzusetzen, weil sie keine Rücksicht auf ein gesamtgesellschaftliches Gemeinwohl nehmen müssen und sich häufig nur einem partikularen Interesse verpflichtet fühlen. Hoher Zuständigkeitsaufsplittung wird damit Vorschub geleistet, insbesondere, wenn eine Genehmigungsbehörde im Wesentlichen auf ein einziges Schutzinteresse fixiert ist.[580]

Festzuhalten ist, dass eine übergeordnete nationale Verwaltungsbehörde fehlt, welche die gesamtgesellschaftlichen Perspektiven erkennt und bei Ermessensentscheidungen angemessen berücksichtigt.

Aber auch in der EU ist das Antidumpingrecht – genau wie in den USA – ein Gebiet des versteckten Protektionismus. Dies kann begründet werden mit dem bisherigen Missbrauch des Antidumpinginstruments, dem größeren Ermessen als in den USA, den Schwierigkeiten bei der Bestimmung von Dumping und bei der Anwendung von Umgehungsverboten.[581]

Vor dem Hintergrund der Änderungen durch den Vertrag von Lissabon ist auf EU-Ebene die neue intensive Einbindung des Parlaments zu beachten. Vor dem

[579] Hohmann, Angemessene Außenhandelsfreiheit im Vergleich, S. 186.
[580] Hohmann, Angemessene Außenhandelsfreiheit im Vergleich, S. 209.
[581] Hohmann, Angemessene Außenhandelsfreiheit im Vergleich, S. 256.

Vertrag von Lissabon verfügte das Parlament im Rechtssetzungsprozess über keine bzw. stark eingeschränkte Kompetenzen. Mit Inkrafttreten des Vertrags von Lissabon am 01. Dezember 2009 wurde ein neuer Art. 188 c EG eingefügt, der in Abs. 2 festlegt: „Das europäische Parlament und der Rat erlassen durch Verordnungen gemäß dem ordentlichen Gesetzgebungsverfahren die Maßnahmen, mit denen der Rahmen für die Umsetzung der gemeinsamen Handelspolitik bestimmt wird." Rechtsverbindliche Änderungen der Handelsschutzinstrumente sind seither nur noch mit dem Europäischen Parlament zu erreichen.[582]

Zum Eingang dieser Untersuchung wurde die Frage aufgeworfen, ob das transatlantische Antidumpingrecht mehr durch ein *„law of the jungle"* oder eher durch das Recht strukturiert wird, also die Frage, welchen Beitrag die jeweiligen Rechtsvorschriften zur Strukturierung und Liberalität des Welthandels leisten.
Sowohl die USA als auch die EU haben eine Fülle von Regelungen hinsichtlich des Antidumpings erlassen. Diese basieren hauptsächlich auf den Vorgaben des WTO-ADÜ. In Anbetracht dieser systematisch umgesetzten Vorschriften kann von einem *„law of the jungle"* zwar nicht die Rede sein, doch bestehen auch besondere Gefahren hinsichtlich der Außenhandelsfreiheit. Protektionistische Interessen dürfen sich nicht weiterhin so stark manifestieren, nur dann kann eine planbare, transparente und rechtlich geordnete Weltwirtschaft erreicht werden.
Ein bestimmtes Maß an multilateral geprägtem „Goodwill" ist allerdings unvermeidliche Voraussetzung auf dem Weg zur Schaffung detaillierter WTO-Antidumpingregelungen. Hier sind besonders die EU und die USA als „Global Player" und Vorreiter in der Welt hinsichtlich der Antidumpinganwendung in die Pflicht genommen, denn sie tragen entscheidende Verantwortung.
Nur wenn diese Gemeinschaften mit handels-liberalem Beispiel vorangehen, kann die multilaterale Außenhandelsfreiheit global gestärkt werden.

[582] vgl.: Bundesministerium für Wirtschaft und Technologie, www.bmwi.de/BMWi/Navigation/Service/publikationen,did=244992.html

Literaturverzeichnis

BDI Bundesverband der Deutschen Industrie e.V.	Internationaler Handel/Außenwirtschaft The German Business Representation, BDI/BDA Brüssel Aktuell, Ausgabe 01, 31. Januar 2008, Abrufbar unter: http://www.bdi-online.de/Dokumente/Energie-Telekommunikation/Bruessel_Aktuell_012008.pdf
Beal van, Ivo	EEC Anti-Dumping Law and Procedure Revisited, In: Journal of World Trade, Nr. 24, 1990, S. 2 ff.
Belderbos, René A.	Antidumping and Tariff Jumping: Japanese Firms' DFI in the European Union and the United States, In: Weltwirtschaftliches Archiv 133 (3) 1997, S. 419 ff.
Bello, Judith H. / Holmer, Alan F.	The Heart of the 1988 Trade Act. A Legislative History of the Amendments to sec. 301, In: Stanford Journal of International Law, 25, 1988, S. 1 ff.
Bellstedt, Christoph	Antidumpingzoll auf Einfuhren im Aktiven Veredelungsverkehr, In: Recht der Internationalen Wirtschaft 1983, S. 670 ff.
Beseler, Hans-F. / Williams, Neville	Antidumping and Anti-Subsidy Law - The European Law Communities, London, 1986.
Beseler, Johannes-Friedrich	Die Abwehr von Dumping und Subventionen durch die Europäischen Gemeinschaften, Baden-Baden, 1980.

Blonigen, Bruce A. / Prusa, Thomas, J. — Antidumping,
National Bureau of Economic Research,
Working Paper 8398,
Cambridge, 2001.

Börner, Bono — Dumping und Diskriminierung,
In: von Cammerer, Ernst/Schlochauer, Hans-Jürgen/ Steindorff, Ernst,
Probleme des Europäischen Rechts,
Festschrift für Walter Hallstein,
Frankfurt a.M., 1966, S. 36 ff.

Bourgeois, Jaques H.J. — WTO Dispute Settlement in the Field of Anti-Dumping Law,
In: Journal of International Economic Law (1) 1998, S. 259 ff.

Broude, Tomer — An Anti-dumping „To be or Not To BE", in Five Acts: A New Agenda For Research and Reform,
In: Journal of World Trade, 2, 2007, 305 ff.

Bundesministerium für Wirtschaft und Technologie — Schlaglichter der Wirtschaftspolitik – Monatsbericht 05/2008
Abrufbar unter:
www.bmwi.de/BMWi/Navigation/Service/publikationen,did=244992.html

Calliess, Christian / Ruffert, Matthias — Kommentar des Vertrages über die Europäische Union und des Vertrages zur Gründung der Europäischen Gemeinschaft,
2. Auflage, Neuwied 2002.

Cho, Sungjoon	Constitutional Adjudication in the World Trade Organization, 2008 Abrufbar unter: http://papers.ssrn.com/sol3/papers.cfm?abstract_id=1113501#PaperDownload
Congress of the United States Congressionel Budget Office (CBO)	A CBO Study, How the GATT Effects U.S.-Antidumping and Countervailing-Duty Policy, 1994, Abrufbar unter: http://www.cbo.gov/ftpdocs/48xx/doc4848/doc44.pdf
Conrad, Christian A.	Antidumping nach der Uruguay-Runde, In: List Forum für Wirtschafts- und Finanzpolitik, 24, 1998, S. 261 ff.
Conrad, Christian A.	Balancing the GATT Antidumping Code, In: World Competition 1999, S. 123 ff.
Dauses, Manfred A.	Handbuch des EU-Wirtschaftsrechts, Bd. 2 Losebl.-Ausg., Stand: 22. Ergänzungslieferung 2008, München.
Didier, Pierre	WTO Trade Instruments in EU Law, London, 1999.
Düker, Konstantin	Rechtschutz gegen Antidumpingmaßnahmen der Europäischen Gemeinschaft, Die Rechtsprechung des EuGH und des EuG, Marburg, 2007 Zugl.: Freiburg, Univ. Diss. 2007
Durling, James P.	Deference, But Only When Due: WTO Review of Anti-Dumping Measures, In: Journal of International Economic Law, 6, 2003, S. 125 ff.

Gambardella, Maurizio — Article, The Green Paper on Europe's Trade Defence Instruments Calls for Transparency: Can Introduction of APO Be an Issue under Discussion?
In: Global Trade and Customs Journal, 3, 2008, S. 53 ff.

Grabitz, Eberhard / Hilf, Meinhard — Das Recht der Europäischen Union,
Band V Sekundärrecht,
E. Außenwirtschaftsrecht,
Horst Günter Krenzler (Hrsg.),
33. Ergänzunglieferung, Stand Oktober 2007,
München, 2007.

Graf Vitzthum, Wolfgang — Völkerrecht
4. Auflage, Berlin, 2007

Habermann, Lilian / Pietzsch, Holger — Individualrechtsschutz im EG-Antidumpingrecht: Grundlagen und aktuelle Entwicklungen,
Beiträge zum Transnationalen Wirtschaftsrecht (Heft 24)
Halle Wittenberg, 2004.

Hohmann, Harald — Angemessene Außenhandelsfreiheit im Vergleich
Die Rechtspraxis der USA, Deutschlands (inclusive der EG) und Japans zum Außenhandel und ihre Konstitutionalisierung,
Tübingen, 2002.

Holmes / Kempton — Study on the Economic and Industrial Aspects of Anti-Dumping Policy, 1997.

Horlick, Gary / Koh, Steven — Article, United States Administrative Protective Order Law and Sanctions: Accessing Information Though Agencies,
In: Global Trade and Customs Journal, 2, 2007, S. 369 ff.

Horlick, Gary N. — Antidumping at the Seattle Ministerial:
With tear gas in my eyes,
In: Journal of International Economic Law 3 (1) 2000, S. 178 ff.

Horlick, Gary N. — The 10 Major Problems with the Anti-Dumping Instrument in the United States,
In: Journal of World Trade, 39, 2005, S. 169 ff.

Horlick, Gary N. / Shea, Eleanor C. — The World Trade Organization Antidumping Agreement,
In: Journal of World Trade, 29, 1995, S. 5 ff.

Irwin, Douglas A. — The Rise of U.S. Antidumping Activity in Historical Perspective,
In: International Monetary Fund (IMF) Working Paper, WP/05/31, 2005,
Abrufbar unter:
http://papers.ssrn.com/sol3/papers.cfm?abstract_id=874252

Junkerstorff, Kurt — Antidumping Recht,
Berlin, New York, 1974.

Kinder, Hella — Die Außenindustriepolitik der Europäischen Gemeinschaft
– dargestellt am Beispiel von Antidumpingmaßnahmen,
Frankfurt a.M. u.a., 1996.

Kommerskollegium	The EU Treatment of Non-Market Economy Countries in Antidumping Proceedings, Swedish National Board of Trade, Stockholm 2006
Kommerskollegium, Swedish National Board of Trade	The EU-Treatment of Non-Market Economy Countries in Antidumping Proceedings, Swedish National Board of Trade, Stockholm, 2006, Abrufbar unter: http://www.kommers.se/upload/Analysarkiv/Arbetsomr%C3%A5den/Antidumpning/Antidumpning%20-%20huvudsida/the_EU_Treatment_of_Non-market_Economy_countries_in_antidumpingproceedings.pdf
Kommission der Europäischen Gemeinschaften	25. Jahresbericht der Kommission an das Europäische Parlament über die Antidumping-, Antisubventions- und Schutzmaßnahmen der Gemeinschaft 2006, Brüssel, 21.08.2007 KOM(2007)479, Abrufbar unter: http://eur-lex.europa.eu/LexUriServ/LexUriServ.do?uri=COM:2007:0479:FIN:DE:DOC
Kommission der Europäischen Gemeinschaften (European Commission)	United States Barriers to Trade and Investment, Report for 2007, April 2008, Abrufbar unter: http://trade.ec.europa.eu/doclib/docs/2008/april/tradoc_138559.pdf.pdf

Kommission der Europäischen Gemein-Schaften (European Commission)	Communication from the Commission, Global Europe – Europe's trade defence instruments in a changing global economy, A green Paper for public consultation, COM(2006) 763 final. 6.12.2006, Abrufbar unter: http://trade.ec.europa.eu/doclib/docs/2006/december/tradoc_131477.pdf
Koopmann, Georg	Dumping, Anti-Dumping and Competition Policies, with special Reference to High-Technology, Hamburgisches Welt-Wirtschafts-Archiv, Hamburg Institute of International Economics, Diskussionspapier Nr. 31, Hamburg, 1995.
Landsittel, Ralph	Dumping im Außenhandels- und Wettbewerbsrecht, Baden-Baden, 1987.
Leibowitz, Lewis E. / Stoel, Jonathan T.	Repeal of the Byrd Amendment – Foreign and Domestic Efforts Result in the End of a WTO-Illegal US-Practice, In: Global Trade and Customs Journal, 2, 2007, S. 73 ff.
Lindsey, Brink / Ikenson, Daniel J.	Antidumping Exposed, The Devilish Details of Unfair Trade Law, Washington, 2003.
Low, Patrick	Trading Free, The GATT and US Trade Policy, New York, 1993.

Mastel, Greg	Antidumping Laws and the U.S. Economy, New York, London, England, 1998.
Montag, Frank / Fiebig, André	The European Union, In: Steele (Hrsg.), Anti-Dumping under the WTO: A Comparative Review, S. 97 ff. The Hague, 1998.
Morgan, Clarisse	Competition Policy and Anti-Dumping, In: Journal of World Trade 30 (5) 1996, S. 61 ff.
Nettesheim, Martin	Ziele des Antidumping- und Antisubventionsrechts München, 1994.
Pachmann, Ralf Marten	Das Verhältnis von Antidumping zum internationalen Wettbewerbsrecht, Dissertation zur Erlangung des Grades eines Doktors der Rechte Hamburg, 2005.
Palmeter, David	United States Implementation of the Uruguay Round Antidumping Code, In: Journal of World Trade, 29, 1995, S. 39 ff.
Park, Sung-Kwan	Regelung und Praxis des Antidumpingrechts Eine vergleichende Analyse des Antidumpingrechts der Vereinigten Staaten, der Europäischen Gemeinschaft und Koreas nach der GATT Uruguay Runde, Frankfurt am Main, Berlin u.a., Lang, 1998, (Europäische Hochschulschriften: Reihe 2, Rechtswissenschaften, Bd. 2399); Zugl.: Köln, Univ., Diss., 1997.

Pruzin, Daniel — Latest WTO Ruling May Spell End of U.S. Use of Zeroing Methodology,
In: 24 International Trade Report, Januar 2007, S. 83 ff.

Rabe, Hans-Jürgen / Schütte, Michael — EC Anti-dumping Law: Current Issues in the Light of the Jurisdiction of the Court,
In: Common Market Law Review, 26, 1989, S. 643 ff.

Rengeling, Hans-Werner / Middeke, Andreas / Gellermann, Martin — Handbuch des Rechtsschutzes in der Europäischen Union,
2. Auflage, München 2003.

Riley, Hannelore / Schuster, Falko — Untersuchungsverfahren bei Dumping- und Niedrigpreiseinfuhren,
In: Wirtschaft und Wettbewerb, 1983, S. 765 ff.

Rosenthal, Paul / Silliman, Craig — The Limits of Competition Law in the current WTO Context,
Center for Applied Studies in International Negotiations (CASIN) Conference, 11.-12.07.1996, Genf, 1996.

Schulze, Reiner / Zuleeg, Manfred — Europarecht, Handbuch für die deutsche Rechtspraxis, Baden-Baden, 2006.

Stahl, Tycho — Problems with United States Anti-Dumping Law: The Case for Reform of the Constructed Value Methodology,
In: International Tax & Business Lawyer, 11, 1993, S. 1 ff.

Stanbrook, Clive / Bentley, Philip	Dumping and Subsidies, The Law and Procedures Governing the Imposition of Anti-dumping and Countervailing Duties in the European Community, 3. Auflage, Brüssel, 1996.
Stanbrook, Clive / Bentley, Philip	Dumping and Subsidies, The Law and Procedures Governing the Imposition of Anti-dumping and Countervailing Duties in the European Community, 3. Edition, London, The Hague, Boston, 1996.
Steele, Keith	Anti-Dumping under the WTO, The Hague 1996.
Stewart, Terence	Why Antidumping Laws Need not be Cloned after Competition Laws nor Replaced by such Laws. Centre for Applied Studies in International Negotiations (CASIN) Conference, from 11.-12.07.1996, Genf, 1996.
Tavares de Auaujo Jr., José/ Macario, Carla / Steinfatt, Karsten	Antidumping in the Americas, In: Journal of World Trade, 35, 2001, S. 555 ff.
Tietje, Christian / Kluttig, Bernhard	The Definition of Community Industry in EU Anti-dumping Law, In: Global Trade and Customs Journal, 3, 2008, S. 89 ff.

United States International Trade Commission (ITC) — An Introduction to Administrative Protective Order Practice
in Import Injury Investigations,
Office of the Secretary, Publication No. 3755,
Fourth Edition, March, 2005,
Abrufbar unter:
http://www.usitc.gov/trade_remedy/731_ad_701_cvd/PUB3755.pdf

US International Trade Commission (ITC) — Antidumping and Countervailing Duty Handbook, 12th edition, Washington, DC: USITC, April 2007,
Abrufbar unter:
http://www.usitc.gov/trade_remedy/731_ad_701_cvd/handbook.pdf

Vermulst, Edwin — The WTO Anti-Dumping Agreement
A Commentary,
Oxford Commentary on the International Law,
General Editors.: Alston, Philip; Lowe, Vaughan,
Sub Series: Oxford Commentaries on the GATT/WTO Agreements,
General Editor: Howse, Robert,
Oxford, New York, 2005.

Vermulst, Edwin / Graafsma, Volkert — The Anti-Absorbtion Provision in EC Anti-Dumping Law,
In: Global Trade and Customs Journal, 2, 2007, S. 129 ff.

Viner, Jacob — Dumping: A Problem in International Trade,
Chicago, 1923.

von Baum, Florian — Das Antidumping-Verfahren in den USA,
In: Zeitschrift für Zölle und Verbrauchsteuern 1996, S. 232 ff.

Wessely, Thomas W. — Das Antidumping- und Kartellrecht in der Europäischen Gemeinschaft, München, 1999.

Willig, Robert D. — Economic Effects of Antidumping Policy, In: Brookings Trade Forum 1998, S. 57 ff.

Hinsichtlich der verwendeten Abkürzungen wird verwiesen auf:

Kirchner, Hildebert / Fiala, Jana — Abkürzungsverzeichnis der Rechtssprache, 6. Auflage, Berlin, 2007.

***ibidem*-Verlag**

Melchiorstr. 15

D-70439 Stuttgart

info@ibidem-verlag.de

www.ibidem-verlag.de
www.ibidem.eu
www.edition-noema.de
www.autorenbetreuung.de

Zeitfracht Medien GmbH
Ferdinand-Jühlke-Straße 7
99095 Erfurt, Deutschland
produktsicherheit@kolibri360.de